投资资要略

田恒 著

Investment
Strategy

WUHAN UNIVERSITY PRESS
武汉大学出版社

图书在版编目(CIP)数据

投资要略/田恒著.—武汉：武汉大学出版社,2023.11
ISBN 978-7-307-23889-3

Ⅰ.投… Ⅱ.田… Ⅲ.投资—基本知识 Ⅳ.F830.59

中国国家版本馆 CIP 数据核字(2023)第 147014 号

责任编辑:范绪泉   责任校对:鄢春梅   版式设计:马　佳

出版发行:武汉大学出版社　(430072　武昌　珞珈山)
　　　　　(电子邮箱:cbs22@whu.edu.cn　网址:www.wdp.com.cn)
印刷:武汉精一佳印刷有限公司
开本:720×1000　1/16　印张:14　字数:225 千字　插页:3
版次:2023 年 11 月第 1 版　　2023 年 11 月第 1 次印刷
ISBN 978-7-307-23889-3　　定价:88.00 元

序　言

自从 20 世纪 70 年代末改革开放以来，中国走上了建设有中国特色的社会主义市场经济的道路，用了 40 来年时间完成了西方历时 200 多年的工业化和城市化进程，中华大地发生了翻天覆地的变化。特别是在 2000 年之后，中国经济先后进入了商品过剩、货币过剩和资产过剩的时代，长期困扰人们的短缺经济成为历史，短缺经济变成了过剩经济，这是中国几千年历史进程中从未出现过的现象。

放眼当前的中国资本市场，经历了从无到有、从短缺到过剩、从"供销社模式"到"超市模式"的快速发展历程。仅沪、深两市主板就有 5000 多只股票，再加上中小板、创业板、科创板、新三板的股票，以及未上市的一级市场的企业，可供投资的标的可谓浩如烟海。随着以注册制为核心的资本市场改革不断推进，绩差股乌鸡变凤凰这样的"好事"就会很少发生了，"壳资源"变得不再那么值钱了。今后股票上市数量、发行的规模还将快速增长，资产数量过剩将成为长期趋势，但资产数量总体性过剩和结构性短缺现象同时并存，只要发现并投资其中"短缺"的领域，就意味着获利的机会。

如何从数量众多的可选资产中精选出优质标的，发现稀缺核心资产，把握结构性机遇，踩准市场的节奏，解决好择股和择时的问题，不仅要买得对、买得低，更要捂得住、拿得久、卖得高，进行高效的投资？这就需要借鉴外部专业机构和成功人士的成熟经验，总结以往实践的成功经验，制定相应的选股方法和标准，形成适合自身实情的投资逻辑和策略。

当前，市场上已经出版的关于投资题材的书籍浩如烟海，但以阐述理念和理论分析的居多，可以传授经验和指导实践的较少，这里就存在一个结构性短缺的机会。因此，在构思之初和动笔之时，就定下几项原则：

第一，简单实用。本书用来指导二级市场与一级市场的投资实践活动，不论述高深的金融理论，不采用复杂的经济模型，不套用深奥的数学公式，而是将专业的经济数据进行直观地量化处理，将晦涩的经济学原理进行通俗化解读，把复杂的问题简单化表述，以便广大投资者常翻常阅、常读常新、常思常得。

第二，突出专业。严格意义上讲，投资不限于二级市场的股票投资和一级市场的产业投资，还包括房地产、债券、基金、大宗商品、贵金属、期货、艺术品收藏等多种投资模式。但有些投资或资金门槛过高，或专业性过强，或投机色彩过浓，或收益率过低，或市场过于狭窄，并不适合广大普通投资者涉足参与。经过全面思考和评估，股票投资适用面最宽，比较适合普通股民和企业投资者；产业投资与企业经营紧密相关，必定会引起众多企业经营者的广泛关注。结合广大读者的结构性特征和兴趣热点，本书聚焦于二级市场和一级市场，重点阐述二级市场股票投资策略。

第三，通俗易懂。古人讲"大道至简"，本书摒弃传统学术研究著作的表述方式，力戒晦涩难懂的语言风格，以通俗易懂作为行文特色，力求语言精练、活泼轻松、鲜活生动，运用一些俗语、谚语、案例将一些复杂的理论、模型、公式转化为浅显易懂的策略、方法和操作指南。

经验需要积累，知识需要传承。投资之路总是鲜花与荆棘相伴，欢乐与忧伤并存，成功与失败相连。希望本书能与广大投资者共同分享经验与教训，在投资活动中点亮一盏灯火，助上一臂之力，少担一些风险，多获一份收益，使之走得更稳健、更顺利、更成功。

中国古典哲学说"大方无隅，大象无形"。投资活动犹如阴阳五行，博大精深，变幻无穷。而作者认知有界，经验有限，如同盲人摸象，虽然可以揭示局部的真相，但却无法描述整体的面貌，即使殚精竭虑、竭尽所能也无法穷尽其中之奥妙，展示真理之全景。更何况市场在不断演变，行情在持续变化，社会在不断进步，用以往的认知来指导未来的实践，难免有刻舟求剑之嫌。本书所述内容只是一家之言，难免有孤陋寡闻之处，敬请广大读者朋友们不吝赐教。

田　恒

2023 年 10 月于深圳寓所

目　　录

第一章　深刻认识市场

说起投资很多人的第一反应是房地产，房地产的确是国内 20 年来最大的造富工具，这是在特定历史阶段极具中国特色的投资模式。但投资是着眼于未来的，随着国内大规模城市化、工业化进程的基本结束，人口老龄化趋势的不断加剧，国家"房住不炒"调控政策的持续加码，以及今后房地产税的推行，房地产必然会逐步退出投资的历史舞台，而以股票为核心的金融资产将成为主要的投资方式。

如果说过去 20 年是房地产造富的时代，未来 20 年将是股权造富的时代。在股票、债券、地产、大宗商品等众多资产中，股票是收益期限长、流动性强、参与门槛低、发展前景广的优质投资品。未来股票市场的规模还将继续扩大，优质的股票还会加速涌现，绝对称得上是朝阳资产。股票投资既不是猜测涨跌的投机游戏，也不是庄家收割散户的零和博弈，而是投资者分享经济成长、增加财富数量的有效投资工具。

一、中国股市的特色

有人说，世界上有两种股市：一种叫股市，另一种叫中国股市。似乎中国股市唯一的规律就是没有规律，即使是"股神"巴菲特到了中国股市也会水土不服，成为遭人收割的"韭菜"，其中多少含有一些调侃和戏谑的成分。

与世界其他股市相比较，中国股市的确具有一些特殊性，主要表现为以下几项特色：一是股市不成熟，牛短熊长，波动性强；二是市场结构以散户为主体，换手率高，投机性强；三是监管机制不健全，政策干预程度大，随机性强。这种极具中国特色的原因主要表现为以下几个方面：

第一，从发行制度上看，新股 IPO 发行实行审批制、核准制和注册制三种方式，政府主导着新股发行的节奏，定价存在双轨制，因此很多投资者热衷于打新股。

第二，从交易制度上看，国内 A 股市场缺乏做空机制，设有涨跌停板和"T+1"制度。一方面保护了投资者，避免股市过热或过度恐慌，抑制频繁交易的投机行为；另一方面在一定程度上影响市场价格的真实展现，容易造成大面积停牌和流动性丧失。

第三，从资金结构上看，中国股市散户比例过大，缺乏长线资金。短视自大、追涨杀跌、短线操作、羊群效应等非理性的特征非常显著，有利可图时一拥而上，呈现非理性的繁荣；股价下跌时一哄而散，容易引发股灾。股市表现为大起大落，投机色彩浓重。

第四，从监管机制上看，中国股市重融资、轻投资。一方面是股市内在机制不完善，监管干预过多；另一方面是对于各种违规行为处罚太轻，退市机制不够完善，造成某些上市企业对于一些违规行为有令不行，有禁不止。

二、基本市场格局

当前，国内股市的基本格局表现为尽管资产总体数量严重过剩，但优质核心资产依然短缺，存在着结构性短缺的矛盾和机遇。如果能够慧眼识珠，从众多的股票中精选出优质的、稀缺的投资标的，就有可能获取丰厚的投资回报。

三、未来发展趋势

也许很多人听说过刻舟求剑这个寓言，提示大家不能沉迷于以往的经验，不要用老思路、老办法来看待新事物，解决新问题。股票投资就是着眼未来，投资未来，否则就不能称为投资。随着国内 A 股市场逐步走向成熟，监管机制不断完善，未来股市将呈现以下几种新趋势：

（一）投资理念更加注重价值投资

近年来，巴菲特所代表的价值投资理念受到很多人的推崇，但真正的价值投资者却为数不多，这里有客观和主观两个方面的原因。

客观原因主要有三点：一是适合价值投资的标的不多；二是上市公司治理结构有缺陷，股市重融资、轻投资，监管不够有力，股市成为"圈钱"的工具，劣质公司退市难，股息分红低，投资者只能以低买高卖来获取差价；三是股市不成熟，波动性过大，换手率太高，投机性太强。

主观原因也有相应三点：一是投资者不够成熟，容易用短期的股价涨跌来衡量上市公司的经营业绩；二是价值投资虽然着眼于长远，但无法保障短期的收益，投资者都希望一夜暴富，缺乏慢慢变富的耐心；三是价值投资需要长线资金和长期考核机制，而投资者过于浮躁，喜欢"短平快"的项目，追求即期回报。

从发展趋势上看，随着注册制改革的深入推进，监管和退市制度的日趋严格，投资者的更加理性和成熟，以及长线资金的入市，市场结构趋于机构化，价值投资的环境将逐步形成。

（二）市场行情呈现结构化趋势

未来股市"二八分化"的现象将日趋严重，呈现结构化的行情。各板块普涨的情况将更加少见，一片红与一片绿共存的现象将成为新常态，股价走势和股票市值出现严重分化，呈现冰火两重天的情况。市场资源向优质龙头企业集中，优质资产备受追捧而成为明星股票，普通资产因少有问津而缺少流动性，强者越强、弱者越弱的马太效应更加凸显。

为什么会出现如此严重的结构性分化？原因有几点：一是流动性出现分化，资金向大市值股票聚集，一些小市值的股票将因为缺乏交易流动性而成为"僵尸股"；二是盈利出现分化，业绩向龙头企业集中，强者恒强，推动行业集中度不断提升；三是外资的影响力逐渐增强，外资更偏好龙头股，这些"聪明钱"产生了很大的示范效应和引领作用。

（三）投资机构化、去散户化进程加速

从专业能力角度来看，股票投资是一件相当专业的事，需要财经、金融、企

业管理等大量的专业知识。与散户相比，机构投资者在信息获取、情报分析、资金持有等各个方面占据明显的优势，专业的人做专业的事，投资者机构化是必然的发展趋势。

从国内外股市发展趋势来看，美国的机构投资者占比已接近90%，国内从2015年到2020年，散户比例已从49%下降到28%左右，从这个发展趋势判断，预计国内股市将日趋美股化、港股化，呈现机构化、去散户化的趋势。

（四）量化交易迅速崛起

所谓量化交易，就是基于数学模型，利用计算机的强大数据处理能力和计算机程序不受情绪干扰的特点实施投资的方法。量化交易包括交易数据分析、算法交易、自动交易、高频交易、趋势交易、对冲交易等手段和方法，在交易分析和决策方面可以帮助投资者克服一些人性的弱点，但基于历史数据的交易策略在股市突发的情况下可能产生更大的风险。

第二章　基本理念和方法

凡是投资成功的人，都有一套自己的投资理念和策略方法。前者是道，后者是术，只有道与术的有机结合，才能取得丰厚的投资回报。这就需要树立正确的投资理念，形成一套基本的投资逻辑，确立正确的投资标准，订立严格的投资纪律并长期遵守，这样才能穿越"牛熊"，享受资产增值的成果。

一、基本理念

（一）投资核心资产

俗话说"物以稀以贵"，完美的东西不一定值钱，但稀缺的东西一定值钱。所谓稀缺，通俗而言就是即使有钱也未必买得到的好东西。买得到、拥有这些稀缺资源的企业的股票，就是核心资产。

核心资产大体上有几项分类：一是市场准入的政策限制性资源，比如政策没有放开的免税牌照、特许经营权等；二是天然不可再生或难以复制的资源，比如赤水河水酿造而成的茅台酒，一些特殊原产地生产的中药材等；三是尖端科研成果、先进核心技术、关键零部件等高新科技资源；四是具有垄断性的优秀品牌、特殊网络渠道等营销资源；五是健康、美丽、长寿等那些花钱也难以得到的其他资源。

股票投资如同找对象，宁缺毋滥。投资的成功，在于少和精而不在于多与泛，在于稳和慢而不在于快与急，在于简单和有效而不在于复杂与低效。尽量排除普通资产，只投资稀缺性资产；不是可以去投资什么，而是不可以去投资什么；宁可错过十个项目，也不错投一个项目；宁可少投几只股票，不可投错一只标的；宁可踩空流口水，不可投错流泪水，甚至是流血水。

（二）秉承价值投资

资产价格波动可以分成价值驱动、政策驱动、资金驱动、情绪驱动等几种类型。价值驱动主要取决于企业的经营状况，相对容易评估，确定性因素比较大；政策驱动取决于政府的意愿，政策力度和推出时间不由投资者决定；资金的流动方向、数量也不是投资者所能事先预见和把握的；市场情绪取决于投资者的心理状态，是最不容易预见和把握的因素。资金驱动和情绪驱动往往出现在牛市和熊市的尾端，要么是股价涨破天获利最丰厚的阶段，要么是股价跌过头亏损最严重的时期，市场表现为非理性的繁荣或恐慌，任何不确定性因素就是风险。

从长期而言，投资是一种信仰。必须坚持价值投资的理念，增加确定性，减少风险性，以合理的价格买入价值被低估的优质核心股票，然后长期持有，通过与时间为友，与智者相伴，与巨人同行，分享企业发展的成果，获取丰厚的投资回报。在持有过程中不断评估，大浪淘沙式地持续优化，形成最佳的动态持股结构。

（三）运用趋势投资

每个时代都有自己的大主题、大趋势。投资股票就是投资未来、投资趋势，要做趋势的朋友。只有符合未来发展趋势的资产才有投资价值。具体来讲，做投资既要看态势，又要看走势，更要看趋势，其中包含几重含义：

第一，顺应宏观经济政策的态势。比如，当经济开始复苏，货币政策宽松，流动性宽裕时要大胆加仓做多；当经济周期从繁荣转向衰退，货币政策紧缩，流动性收紧时要积极减仓，甚至清仓。

第二，顺应股市大盘的走势。比如在 2015 年上半年的大牛市中，各个股票都能鸡犬升天；2018 年股市大盘非理性下跌过程中，几乎没有个股可以幸免于难。顺势而为者赚得盆满钵满，逆势操作者浮亏几年不得解套翻身。

第三，顺应行业兴衰交替的趋势。任何最成功的投资，都是因为投资了这个时代最好的公司或项目。比如在 2008 年大牛市中，与当时快速工业化、城市化进程相适应的地产、有色金属、钢铁、煤炭、石油成为明星股票，号称"五朵金花"。当前及未来中国经济发展的主流应该是高新技术快速兴起，人口老龄化趋势不可逆转，居民消费持续升级，生态环保不断深化，数字化、信息化成为时代的潮流。以互联网、物联网、智能制造、大数据、人工智能为代表的高新技术行业，以医药、器械、保健、康复为代表的生物医药行业，以各类消费品为代表的消费类行业，以新能源、碳中和、碳达峰为代表的生态环保行业，将成为未来的发展方向。与之相对应，腾讯、阿里巴巴、美团、宁德时代等企业成为资本市场的宠儿，投资这些新兴经济收益颇丰，这些变化充分体现着时代发展的趋势。

古人讲"虽有智慧，不如乘势。"对于趋势投资者来说，符合未来发展趋势的资产才有真正的投资价值。其实大部分成功的投资者，并非是因为仅靠自身的努力，而是在于运用趋势投资的方法找到了优质的投资标的，其成功不过是时代的馈赠，恰好顺应了周期趋势，才获取了超额收益率。

在现实投资活动中，市场都是正确的，就看你能否把握。有时选择要比努力更重要，眼光比能力更要紧。投资就是要以市场为师，当趋势的朋友，顺势而为好比是选择了一部上行的电梯，往往事半功倍；反之，逆势而行无异于螳臂当车，再怎么努力也是白费心血。

（四）采取逆向投资

资本市场的价格波动犹如阴阳五行，四时轮回，周而复始，涨多了必跌，跌久了必涨，急涨快跌，缓涨慢跌，贵极则贱，贱极则贵，背后是亘古不变的人性。股市总是在绝望中诞生，在亢奋中灭亡。人人都在谈论股票时往往意味着股市已经高涨，牛市终结为时不远，众人都不愿提及股票时往往意味着行情低迷，股市复苏就在前方。

巴菲特说的"别人恐惧我贪婪，别人贪婪我恐惧"充分体现了股票投资需要逆向思维的哲学理念。既要看到机会，又要看到灾难，最好的时候往往是最坏时候的开始，最坏的时候往往又是最好时候的开端。必须克服人性的弱点，采取人取我弃、人弃我取的策略，在股价低迷时敢于重仓买入，在股价高涨时舍得清仓离场，从某种程度上讲，投资是违背人趋利避害本性的。请永远相信这句话：当所有人都冲进去的时候就赶紧出来，当所有人都不玩时再冲进去。

（五）投资熟悉领域

古人讲"德不配位，必有余殃；人不配财，必有所失。"这里所讲的德不仅是指道德和品行，更是指认知和能力。财富永远只留给配得上对它的认知的人，人只能赚取认知和能力范围内的钱，超出认知范围的盲目性投资即使一时得逞，最终结果不是赚不多，就是亏得多，又会把钱还给市场，具体表现为两种情况。

第一种情况如同小贼入室行窃。开始时信心满满，入室后胆小如鼠，刚一得手略有收获便匆忙离场，失去了把利润放大的机会。为何会有初期的贪婪和得手后的恐惧？这不是过度谨慎小心的问题，而是对所投资的行业、企业缺少了解，认知不够当然底气不够、信心不足、小富即安。

第二种情况是胆大妄为，高估自己的能力。手里有了资金就管不住手，一定要马上把钱花出去，于是不管是熟悉的还是不熟悉的股票，天女散花般地买了一大堆，美其名曰分散投资、分散风险。通俗而言，这种方式就是投资前老鼠不留过夜食，投资后盲人骑瞎马、夜半临深池，岂有不亏损本钱的道理。

古人讲"弱水三千，但取一瓢"，意思是说做事要有自我节制能力，这句话同样适用于投资。股市的钱是赚不完的，没有人能够把握住每一次赚钱的机会，想得到的事情未必办得到，但想不到的事情一定做不到。任何超出认知范围的投资都存在诸多不可测、不可控的风险，不要想着去赚超出自己认识范围的钱，超出能力范围的扩张将招致损失或毁灭。

俗话讲"生意做熟不做生"，投资也是同样的道理。人的认知都是有限的，这是个客观事实，无知并不可怕，可怕的是不知道自己无知。所有的恐惧与贪婪，都源自对市场的无知。只有充分了解所投行业、企业的特点，能够预判未来发展的动态，把握竞争格局演变的趋势，才能胸有成竹，做出长期价值投资的选择，面对股价的短期波动神闲气定，稳坐钓鱼台，静等开花结果。

二、基本方法

（一）自上而下、自下而上相结合

投资之道，万千法门。如同江湖上的武功有南拳、北腿、少林、武当一样，股票投资的流派方法众多，大体上可以分成以下几种：一是宏观策略分析法，从宏观经济形势、经济政策的变化入手，再应用到具体行业、企业的股票投资中，也叫作自上而下的研究方法。二是公司价值投资法，简单说就是选股，选出增值潜力巨大的股票长期持有，这种方法又被称为自下而上的研究方法。三是主题事件投资法，对某一事件的发展趋势进行判断，找出具有相同属性特征的股票，也就是所谓的各种概念股。四是技术分析法，以股价为研究对象，通过看K线、看指标、看图形、画切线，对未来股价变化趋势进行预测。这些选股方法只是选择方式的不同，没有对错优劣之分，只有适合或不适合之别，能够经得起市场检验的就是好方法。

目前在机构投资中，运用得较多的是宏观策略分析加公司价值分析，大致是先从宏观经济景气程度、相关经济刺激政策入手，然后寻找相应的得益行业，再寻找细分市场的龙头企业；或者是反过来先发现一个优质企业，观察其财务表现，挖掘背后的商业模式和成长逻辑，推导这个行业的发展趋势，进而联系到政府的相关政策，这种自下而上的选股方式在实践操作中应用得最为普遍，毕竟选股就是挑选企业。当然，如果有特殊主题事件发生时，还会运用主题事件投资法，比如，碳中和、消费升级、乡村振兴、数字中国等主题概念股就是基于这一逻辑。

尽管现象千变万化，方法各有千秋，但万变不离其宗的、运用最为有效的是通过自上而下和自下而上两者有机相结合的方法，用来研究拟投资行业、企业的基本经营面，预判其发展演变趋势，选择最佳的投资标的。

（二）分批买入和卖出

由于股价的短期波动很难预测，既永远不要奢望买入最低价，也永远不要奢望卖出最高价，所以不要一次性重仓买入或卖出。轻视市场、高估自身就是一种傲慢，就是一种罪过，必定会栽跟头，交学费。打个比方讲，股票投资就像吃东西，先尝一口，好吃就吞下去，不好吃就吐出来。分批买入有利于摊薄成本、降低风险；反之，分批卖出有利于扩大利润，即使卖出时机和价格并不理想，也能保住一部分收益。

分批买入与卖出在操作策略上存在一些区别，买入时采取多批次、小批量的方法以实现投资成本的相对最低化，卖出时采取小批次、大批量的方式以实现投资收益的相对最大化。

股价处于低价位时会有一段时间徘徊，任何人都无法确定是否最低价位并且何时能够开启反转上涨进程。如同站在山脚下虽然地势平坦，但任何人都既无法感知前方是否还有深坑，也无法预测下一个高峰何时出现。为了规避这种不确定性，买入时宜采取多批次、小批量的方法以规避风险，用不断试错的方式实现投资成本的相对最低化。

股价处于阶段性高位时肯定有投资者套现股票、落袋为安，股价将快速回落，如同站在山顶上地势变得险峻，眼前必定是下落的陡崖。正如古诗所云"正入万山圈子里，一山放过一山拦。"任何人都无法预知日后股价能否会柳暗花明又一村。为了规避眼前的风险，收获现实的成果，兼顾可能的机遇，卖出时宜采取少批次、大批量的方式以实现投资收益的相对最大化，等到股价下落之后再分批买入补仓或建仓，等待下一次上涨时机。

（三）解决好择股、择时的问题

股市实质上挣的是三种钱：一是挣宏观政策量化宽松、央行释放出来的钱，这就要研究宏观经济状况和政策走向；二是挣企业经营成长、价值增值的钱，这就要研究行业的发展动态和企业的经营状况；三是挣市场资金流入导致股价波动的钱，这就要研究股市的波动走向和演变趋势。

投资要选择"三好"学生，即精选好的行业，挑选好的企业，选择好的价格，也就是买什么股票、什么时间买入、什么时间卖出这三个问题，归纳起来就是择股和择时这两大事项。通俗来讲，高效的股票投资就是要买得对，买得低，拿得久，捂得住，卖得高。具体落实到股票投资时机，核心策略不外乎三点：

第一，择股市大盘的时。在货币政策紧缩、股市大盘行情低迷时买入价值被严重低估的优质企业的股票，在货币政策量化宽松、股市非理性繁荣时卖出。

第二，择板块轮动的时。股市中有行业板块轮动的现象，各个行业板块有涨有跌、轮流坐庄，既没有只涨不跌的行业，也不存在只跌不涨的板块，各个板块都会迎来高光时分和暗淡时刻。打个形象的比方，一群人排队乘坐摩天轮观光游览，轮到你乘坐的时候就是股价快速上涨的得意时间，在你排队的时候就是股价下落或徘徊波动的时间。关键是轮到你乘坐的时候你要必须在场，否则就会与机遇失之交臂。

第三，择股价波动的时。精选行业龙头企业的股票作为投资标的，在其股价的低位区域择机买入建仓，在股价被严重高估时卖出套现，待股价回落至低估区间再度买入持股待涨。通过长线投资、短线交易的方式赚取股价波动的差价，分享企业经营价值增值的双重收益。

第三章 价值投资和趋势投资

前文已经多次提到价值投资和趋势投资，那么何谓价值投资、趋势投资，其基本的逻辑、思路是什么？如何才能做到价值投资、趋势投资，需要采取哪些方法和措施？这些问题既相当重要又非常复杂，非三言两语所能概述，有必要进行详细阐述。

一、价值投资

（一）理论框架

价值投资理论起源于20世纪30年代的美国，50—60年代得到广泛应用，80年代之后，随着科学技术的进步，金融市场效率的提升，以及市场结构的变化，价值投资的内涵和外延都发生了新的变化，可以从以下几个方面理解其理论体系、演变过程和发展趋势。

1. 价值投资的基本三要素

市场价格、内在价值、安全边际这三个要素构成了价值投资的基本逻辑。市场价格虽然时时展现，但并不显示真实的价值，并且受到政策、资金、心理、情绪等多重因素的影响，波动较大，飘忽不定。内在价值是指投资者预期未来收益的现值，这个内在价值往往是一个估计值，而不是一个精确的数字，不同的人、不同的时间会得出不同的估值结果。安全边际就是寻找被市场低估的股票，理论上讲股价越便宜，安全边际就越高，赚钱的概率就越大，赔本的概率就越小。

2. 价值投资的演变过程

20世纪30年代至60年代，美国金融市场股票投资主流方法是静态价值法，通过分析企业的财务数据，推断企业的经营状况，计算企业的资产价值，也就是把企业资产价值测算清楚后，用低于资产价值的价格买入股票，赚的是被市场低估的那部分钱，由此产生了"捡烟蒂"理论。这种静态价值法着眼于股票价格与实际资产价值的背离程度，也就是当前国内普遍使用的企业基本面分析法，从操作的手段来看，通俗地说就是"捡便宜货"。

随着静态价值法广泛应用，20世纪80年代之后便宜的企业越来越难找，巴菲特提出了"护城河"理论。聚焦于经营业绩优秀、市场地位稳定、成长预期性强、具有垄断特征等具有"护城河"的企业，发现优秀企业、购入股票并长期持有，分享企业成长带来的价值增值。这个时候价值投资被重新定义，即购买优秀的、有成长性的企业，这就意味着安全边际不仅是面向静态的过去，更要着眼于动态的未来。

从演变途径来看，价值投资的理念已经从早期关注市盈率和市净率，发展到关注企业真正的内在价值，从寻找市场低估的"捡烟蒂"理论发展到合理估值、稳定成长的"护城河"理论，价值投资的理念更加完善和丰富。

3. 价值投资的发展趋势

随着科技驱动力的持续增长，全球资本的快速流动，以及资本市场的日趋成熟，价值投资将从发现价值向创造价值发展，这将成为一个必然的趋势。

发现价值是出发点，投资者需要具备强大的分析能力、学习能力和敏锐的洞察能力，能通过静态的财务数据变化揭示未来的发展动能和趋势，在变化中抓住投资机遇。

创造价值是落脚点，投资人需要具备跨维度、跨地域、跨空间的思维模式，抱着成为企业的拥有者、合伙人的心态，把各种创新因素、影响因素整合在一起，将对行业的理解转化成可执行、可把握的行动策略，做时间的朋友，帮助企业不断成长，实现跨周期投资，分享企业成长的收益，这既是一种理念和选择，更是一份坚守的信心。

（二）本质属性

投资的本质属性就是通过透彻的研究分析，克服恐惧和贪婪，相信简单的常识，保障本金安全并获得长期、可持续的投资回报。从这个定义可见，投资是由研究分析、本金安全、长期可持续回报三个要素构成，而保证本金安全、不亏损本钱又是重中之重。

投资的首要事项不是投资策略和方法，而是着眼于未来，在变化的环境中识别生意的本质属性，理解商业模式的基本逻辑。具体到价值投资层面，其出发点就是基于对企业经营基本面的理解，追溯其商业模式的本质，寻找价值被低估的企业，以合理的价格买入并长期持有，从企业持续创造的价值中获得投资回报。这样就可以让每一次投资决策都有逻辑起点，把可理解的范畴拓展到最大，把依靠运气的范围压缩到最小，承担尽可能小的风险中获取尽可能大的收益，尽量减少风险性，增加确定性。

价值投资不是一项只有天才才能胜任的工作，而是只要依靠正确的理论指导，树立正确的思维模式，培养穿过现象直达本质的洞察能力，遵守严格的投资纪律，就可以将价值投资从艺术变成一门可以学习、传承、教授的技术。一旦掌握了投资的本质、原则和系统化的方法论，就可以将投资这项难以确定的事情变成一项水到渠成的事业，变成逻辑上的拆解、数字里的洞察、变化间的顿悟、操作中的哲学。

（三）运作思路

1. 买股票就是买公司

股票不仅是可以买卖的证券，本质上是企业所有权的凭证，买股票就是买公司的股权，认可这个公司的长期内在价值，并且想拥有这家公司的股权。开公司、做生意需要技术、人才、品牌、渠道等要素，某些要素还相当稀缺，一般的投资者很难直接拥有这些要素，但可以通过购买这些企业的股票使自己间接获得这些稀缺性资源。通过股票投资无须亲自经营这门生意，而是将其交给自己信赖的管理层去经营，自己提供资金成为股东享受回报。有了这种认识，做投资就会有信心、恒心和定力，既不会频繁交易，追涨杀跌，也不会因为企业的短期问题而抛售股票。

2. 市场先生

这里所说的市场先生不是老师，而是股票市场的交易价格。市场先生不会告诉投资者真正的股票价值，而且情绪很不稳定，一会儿兴奋热烈、欢天喜地，一会儿情绪低落、悲观忧伤，市场价格飘忽不定、扑朔迷离。事实上，股票价格最终一定是围绕企业内在价值上下波动，如同一只小狗，虽然时而跑在主人前面，时而落在主人身后，但万变不离其宗，总是围绕在主人身边。

市场先生的错误定价恰恰是价值投资者的机会。价值投资者切不可浪费一次危机，应当通过独立思考，在股票价格低于内在价值时低谷播种，假以时日等待股票价格高于内在价值时高峰收获。

3. 安全边际

做投资首先考虑的不是赚多少钱，而是不要亏钱。"股神"巴菲特也有类似的名言：投资的第一原则是永远不要亏钱，第二条原则是永远不要忘记第一条规则。投资的收益和亏损具有不对称性，可以通过数据进行演示说明：如果下跌20%，需要上涨25%才能回本；亏损50%后需要涨1倍才能回本，下跌90%；则需要涨10倍才能涨回来；如果年均增长20%，10年后能够变成6.2倍，产生惊人的投资回报。

长期来看，亏损是复利的敌人，而价值投资者追求的恰恰是稳定的复利。事实上，在投资中没有人想亏损，但亏钱的人却不少。如何做到不亏钱？在价值投资中，安全边际就是不亏钱最重要的原则。由于不管采用什么方法对企业价值进行预估，总会和企业的真实内在价值有所偏差，所以买入时留有足够的安全边际就非常重要。安全边际越高，投资的安全垫就越厚，如果买入的价格远远低于企业的内在价值，即使看走了眼或者企业遭受了"黑天鹅"事件也不会亏损太多。

4. 能力圈

投资是认知的变现，那些能够赚到大钱的人一定具有在某个领域有着超越市场一般水平的认知，也就是巴菲特所说的能力圈。投资这个游戏参与者众多，专业的投资机构和高学历、高智商的专家比比皆是。一个投资者或者投资机构实质上是与市场中那些看不到的投资人或者投资机构的平均水平进行竞争。只有不断地提升自身的能力圈认知水平，进行前瞻性、系统性、全面性的产业研究和公司研究，才能安全地赚到大钱。追热点、炒概念那些超出能力圈之外的投资行为可能短期获益丰厚，但由于德不配位，长此以往终究会受到市场的惩罚。

二、趋势投资

孙中山有句名言：世界潮流，浩浩荡荡，顺之者昌，逆之者亡。他所说的潮流是指社会、时代发展的趋势，虽然内容有所不同，但原理同样适用于股票投资。这个时代唯一不变的就是变化本身，身处每天都有新发现、新变化、新事物的时代，变化动荡之中既孕育着无穷的机遇，也存在着诸多不可预见的风险。与之相适应，趋势投资理论快速兴起，并表现出强大的生命活力。

（一）基本观点

趋势投资和价值投资两者的观点存在着一定的差异性。前者的基本理论是发现趋势，适应趋势，把握趋势，趁着趋势而起，做时代的弄潮儿，实践中不过于关注价格是否合理，而是着眼于企业的成长性。后者的基本方法是基于以往的经营业绩、财务数据来推导未来，以合理的价格买入股票，通过长期持有分享企业成长的价值。

价值投资作为经典的投资理论，经受了多年的实践检验，但也暴露出一些局限性，受到一些投资者的质疑。如果仅仅按照价值投资的选择标准，既很难挖掘出诸如阿里巴巴、脸书、特斯拉、亚马逊、苹果等数字时代的"独角兽"企业，也很难解释京东、拼多多、商汤科技、寒武纪等一些尚未盈利或略有盈利的企业却有着几百亿元、几千亿元市场估值的原因。为何存在着这些矛盾？主要原因有以下四点：

第一，在信息化、数字化时代，传统会计信息无法完整反映新兴企业的真正价值。对于创新能力、企业家精神、人力资本、数字资产、组织活力等那些新兴企业最为核心的无形资源，没有办法进行准确计量，因此也无法捕捉到数字时代的独角兽。

第二，基于历史数据的估值体系已经无法适应数字化浪潮下的大变局时代。由于技术日新月异，市场环境持续变化，用户偏好捉摸不定，新生事物不断涌现，基于历史数据推导未来趋势的难度变大，准确性下降。

第三，在全球流动性极为宽松的大环境下，传统的估值体系受到强烈冲击。在这个资金严重过剩、流动性泛滥、核心资产荒、长期低利率的时代，高风险投机型和高频交易型资本的数量越来越多，这些资本最青睐的就是充满想象力、估值空间巨大的成长型股票，对那些估值较低、价值投资比较青睐的股票却不感兴趣。过多的货币不断追逐少量的核心资产，将估值普遍推到了远超价值投资所能理解的地步，资产泡沫处处存在并且长期存在，这就明显放大、扭曲了价值投资的基本体系。

第四，在数字化、信息化时代，投资者用于决策的信息源和数据库越来越多元化，"网红"经济、网络大伽、意见领袖的影响力越来越强大，讲故事、绘蓝图、说远景、画大饼正变得越来越时尚，越来越真假难辨，投资者的决策心理发生了微妙的变化。

（二）趋势判断

做投资既要看走势，更要看趋势。从资本市场角度进行观察，资本涌入引起股价上涨往往会吸引更多资金买入而导致更大的涨幅，趋势一旦形成便会自我加强。如何判断趋势的演变方向，可从以下几个方面进行考虑。

1. 宏观经济的发展趋势

中国已经完成了大规模的工业化和城市化，逐步进入后工业化时期，经济增速逐步放缓，以往 10% 左右的高速增长期已经成为过去，未来宏观经济增速将保持在 5% 左右，甚至更低的增速水平。换言之，中国经济将从增量经济时代进入存量经济时代，从数量型扩张转向质量型增长，从投资驱动转向消费驱动，从出口加工转向智能制造，结构调整、产业转型、消费升级将是大势所趋。

时代造就英雄。与宏观经济发展趋势相适应，投资的主题也需要进行切换，

选择更加高速的"赛道",具体可以从以下几个方面找到思路:

(1) 投资

一个国家或地区的投资由三个部分组成,即基建投资、房地产投资和制造业投资,可以将三者展开进行简要分析:

从基建投资来看,随着国内已经完成大规模的工业化和城市化,大兴土木搞"铁公基"建设的投资高潮基本已经过去,取而代之的是技术含量更高的5G通信、特高压、城际高速铁路和城际轨道交通、新能源汽车充电桩、大数据中心、人工智能、工业互联网等新基建。

从房地产投资来看,2020年中国城市化率达到63.89%,已经高于55.3%的世界平均标准,与发达国家81.3%的城市化水平相距不远,这预示着中国大规模的城市化进程基本完成。房地产开发总体数量过剩,区域之间存在冷热不均的现象,存在一些区域性、结构性的投资机会。

从制造业投资来看,普通制造业产能过剩,钢铁、冶金、水泥等重化行业成为"去产能"的对象,而信息技术、人工智能、新能源、新材料、节能环保等高新技术产业投资却是方兴未艾,有着巨大的投资空间。

通过以上情况综合分析,基本可以得出两个结论:一是与基建投资、房地产投资活动紧密相关的上游采掘业,中游的钢铁、有色金属、冶金、水泥等制造行业,下游的建筑业、房地产业,以及与之相关联的工程机械、家电、家具、装修等传统行业很难再现昔日的辉煌。二是与产业升级、进口替代相关联的高科技产业、新经济业态将成为未来投资的热点。

(2) 消费

中国已经成为拥有14亿人口、人均GDP突破1万美元、4亿中等收入群体的全球第二大消费市场,潜在的消费能力和发展空间非常广阔,足以培育一个足够大的国内消费市场来吸纳和消化产能。总体而言,消费将呈现两大趋势:

一是未来消费主导中国经济没有任何悬念。随着人们收入的不断增加,生活水平持续提升,对美好生活的无限追求,事关人们衣食住行的消费行业将呈现快速发展的局面。为何巴菲特持有大量的消费类股票?重要原因就在于美国已经步入一个成熟的消费型社会,消费占据了GDP的主导地位,股票投资与经济结构相适应。可以预见中国也将逐步进入消费型社会,从投资驱动转向消费驱动。本着投资股票就是投资未来，必须要与社会现实与发展趋势相契合的原则，消费类股票将迎来持续强劲增长的空间。

二是消费将呈现持续升级和结构分化的趋势，高端消费、品牌消费、健康消费受到追捧，而低端消费品相对萎缩。比如，国内白酒消费量总体趋于萎缩，但以茅台酒为代表的高端白酒却供不应求，黄酒、啤酒等中低端酒水销售呈下滑趋势；国内汽车消费总量趋于饱和，但中高端车型、新能源汽车却是逆势而上。

（3）出口

受益于经济全球化带来的红利，近20年来中国出口量迅速增长，但出口不可能无限增长，随着国际市场趋于饱和，出口已经出现了增速放缓的迹象。从国际政治、经济的发展趋势上看，中美战略竞争将成为常态并日趋激烈，国际上民粹主义、保守主义、逆全球化思潮持续抬头，中国难以单独逆转这种趋势。从"中国制造"向"中国创造"转型，提升中国出口产品的技术含量和附加价值，将是未来出口增长的发展趋势。

2. 人口老龄化趋势

人口老龄化、劳动人口减少、人口红利消失是中国未来几十年内不可逆转的趋势，从中体现着两大方向：

一是产业升级转型。传统的劳动密集型行业或消失，或外迁，整个产业向着资本密集型、技术密集型转型，取而代之的是信息化、自动化、智能化制造趋势，无人驾驶、无人工厂、无人物流等无人经济、少人经济将拥有广阔的市场。

二是养老、养生、保健、护理、康复、医疗等健康服务、消费服务成为朝阳产业，以养老服务为核心的"银发经济"潜能将在未来持续释放，围绕老年群体的衣、食、住、行、医等各个方面的市场需求将形成新的产业集群。

3. 产业发展趋势

资本市场具有逐利的本性，表现为用更多的资本去追逐强盛和高端的产业，抛弃衰退和低端的产业，产业发展将呈现两大趋势：

（1）未来高新技术企业的市值有望不断增大

中国经济正在从传统产业向高端产业转型升级，技术含量、知识含量、资金含量显著提高，经济增长质量持续提升，强化科技进步作为经济增长的重要支撑点更是无可争议。新一代信息技术、生物技术、新能源、新材料、高端装备、节能环保、航空航天等新产业、新经济将成为拉动经济持续增长的新动力。

投资股票就是投资企业的未来，尤其是针对高新科技类的投资，一定要紧紧抓住产业最新的变革方向，投资产业发展的大势所趋。如果能够顺应产业发展的潮流，抓住良好的投资机遇，就有可能获取丰厚的投资回报。

（2）行业内部结构日趋分化

当前，国内绝大部分传统产业产能过剩，过剩必然导致分化，资源向行业内优势企业集中、弱势企业被淘汰、大鱼吃小鱼式的兼并收购将是市场的必然选择。比如，"去产能"就加速一些中小企业的衰败，提升了行业头部企业的市场占有率和竞争优势。因此，投资股票就要投资行业的头部企业、优势企业。

落实到投资策略，针对新兴高科技产业，在还没有出现头部企业、属于"野蛮生长"阶段的行业领域，就要投资"专精特新"的"黑马"企业，"黑马"的市值增长非常具有想象空间，获取不确定性溢价。由于任何新兴产业经过几年或十多年快速增长之后，都会逐步形成较为稳定的市场格局，甚至演变成为传统产业，所以对于已经出现头部企业的行业领域，则要投资"白马"企业，"白马"会强者恒强，获取确定性溢价，识别与投资"白马"的方法就显得更加关键。

三、区别联系

（一）共同之处

1. 需要深入研究

无论是价值投资还是趋势投资，都要进行深度、前瞻、全面、系统、及时地研究，对企业所涉及的人、环境、组织、生意等要素进行综合研究。以研究来驱动投资决策，才能使投资决策更加科学、理性、客观，摆脱人类易于陷入的认知偏差，克服人性的贪婪与恐惧，使投资在安全边际内尽可能获取更多收益。

2. 与优秀企业为伍

企业界有句话叫作"数一数二，不三不四"。意思是行业内排名第一、第二的企业才会拥有良好的行业知名度、市场占有率和投资价值，排名靠后的企业都会让人遗忘，缺乏品牌溢价能力。这种马太效应其实在各个行业都存在，只不过是差异程度有所不同而已。从这个观点出发，无论是价值投资还是趋势投资，投资核心资产、龙头公司都是最佳的选择。从长期来看，以合理价格买入优秀、知名企业产生的回报远远大于以低估的价格买入普通、平庸企业。

（二）相异之处

1. 基本面与边际趋势

相比趋势投资，价值投资更重视企业的经营状况这个基本面，只要基本面没有问题，"护城河"没有发生重大变化，短期的股价波动并不影响长期投资价值。趋势投资更重视边际变化，相对弱化企业基本经营面的财务表现结果，只要边际变化是向好的方向发展，就具备投资价值。简单来讲，价值投资重视经营基本面，趋势投资更重视变化趋势。

2. 安全边际与成长性

相比趋势投资，价值投资更重视安全边际，安全边际为投资提供了安全垫和容错率。趋势投资更看重企业的成长性，只要长期增长确定性高，当下的高估值可以被企业未来高成长性所消化，也会以较高的估值进行投资。

3. 买卖时机选择

一般认为价值投资本质上更重视择时，更多地强调要在股票价格远低于企业内在价值时才能买入，在股价明显高于其内在价值时卖出。趋势投资相对淡化择时，而更重视择势，看重企业的成长性，只要企业发展趋势强劲，就可以考虑买入股票；在企业增长速度放缓时，就要考虑卖出股票。

（三）殊途同归

对于趋势投资者来说，市场都是正确的，就看你能否把握。对于价值投资者来说，市场都是错误的，就看你能否发现。两者表面看似对立，好像是两个时代的产物，本质上却是统一的，不是非此即彼的关系。两者都需要对拟投资企业的商业模式进行全面评估，判断市场需求的充分性、资源能力的合理性、成长的可持续性。

价值投资的理念里有趋势投资的元素，就是认为价格偏离价值的资产，存在强大的回归价值的趋势。趋势投资也认可价值投资的基本理念，即投资真正有价值的企业，恰好符合了宏观经济和企业的发展趋势，并且更懂得敬畏市场、敬畏时间、敬畏价值。趋势投资之所以取得了巨大的成功，正是因为投资了那些时代性的企业，但其中并没有排斥和否定价值投资的作用，并且与价值投资相对立。

因此从某种程度上讲，趋势投资是对价值投资在新时代的补充和完善，两者只是方法论、操作手段方面有所区别，逻辑上并没有太大的差异，实质上是殊途同归。

四、方法应用

（一）理解时间和复利的价值

投资中最贵的不是钱，而是时间。做投资其实就是在做时间管理，把资金和时间投入什么样的标的，是决定投资成功与否的重要因素，否则白搭时间和资金，就是一种极大的浪费。如何正确理解时间和复利的价值？可以从以下几个方面进行思考：

1. 理解时间的价值

时间是企业能否持续创造价值的一杆秤，企业是优秀还是平庸，业绩是真实还是虚假，无论其包装得多么精美，故事讲得多么动听，前景描绘得多么诱人，风口选得多么准确，最终都会在时间面前现出原形。飓风来了，猪都能飞上天，但风过去后，摔死的也是猪，猪不可能变成鹰，真的假不了，假的真不了，时间最终都会给出结论。可以说，时间是优秀企业的朋友，是平庸企业的敌人。

许多秘密隐藏在时间里，只有那些随着时间的流逝还能够持续创造价值，生命活力老而弥坚，像南瓜那样越老越红的企业才是"资产"，而时间越久对生意越不利，像丝瓜那样越嫩越甜的企业则是"费用"。要正确评价一个企业是否优良，评估一种商业模式是否具有长期生命活力，就需要时间的沉淀和检验，而长期持股则是必要的前提条件。

2. 理解复利的价值

复利是投资的精髓，时间创造复利的价值。在复利的数学公式中，本金和收益率只是乘数，而时间是指数。只要本金比较大，收益率比较高，随着时间的拉长，复利效应会越大。好比是在一个积雪深厚的长长坡道上滚雪球，很容易把雪球滚得又圆又大，这就是著名的"长坡厚雪"理论。一旦认识到时间和复利的价值，就不会在意股价短期的涨跌，因为时间创造复利价值，不但可以积累财富，还能在价值实现过程中获取内心的平静和安宁。

复利是时间赠予长期投资者最好的礼物。许多人热衷于频繁交易，希望快进快出赚快钱，结果却没有赚到什么钱，其原因就是在思维上只想着一夜暴富，而不愿意慢慢变富，在行为上频繁操作就是放弃了复利的价值。天下有些事情就是这样辩证，有时候快就是慢，慢就是快；有时候应当机立断快速反应，有时候应耐心等待时机，不做什么比做什么都强。

3. 做时间的朋友

时间是检验投资决策正确与否的重要工具，能够检验出优秀的商业模式，识别出具有竞争优势的企业。有时候成功不在于做了什么，而在于没有做什么。选择比勤奋更重要，把时间分配给带来价值的项目，复利才会发生作用。

要想成为出色的投资人，就必须相信时间能够"去伪存真、去芜存菁"，对所投项目或标的保持耐心和信心，这样才不会因一时的话题炒作、市场价格的波动而使情绪产生剧烈变化，任何优秀的投资项目都是在时间中孕育，经得起时间的考验。

（二）加强深入研究

深入研究是价值投资的起点，核心任务就是要敏锐地洞察商业的本质，追求大问题的模糊正确远比追求小问题的完美精准要重要得多。最有效的研究方法不仅是运用估值理论、资产定价模型、资产组合模型等方法工具研究行业、企业和股市涨跌趋势，更重要的是要以始为终，追本溯源，这个"源"包括基本的公理、处世的哲学、人性的本质、事物的规律，也就是要尊重知识、见识和常识，这样才不会被复杂的表面现象所干扰，直达事物的本质。具体来讲，需要解决研究的深度、长度、宽度、独立性、实地性等几个事项。

第一，研究的深度。投资研究必须始终关注对于人、生意、环境、组织的深度理解，为投资决策提供依据。只有经过全面透彻的研究，挖掘生意背后的商业模式，深入思考这种商业模式背后所依赖的政策环境、市场规则、资源边界、能力保障、驱动因素等相关条件，才能看清楚投资标的预期的收益和潜在的风险，才能经得起时间的检验。更多的研究是为了更少的决策时间，更深的研究能够更准确地决策，"研究上的升级"和"决策上的降级"才是投资决策最好的起点。

第二，研究的长度。研究的长度是指不仅要研究行业、企业当前的市场状态、竞争格局，还要将研究周期拉长，了解其崛起或衰落的历史过程，理解成功的要素或失败的前提，这样才能预判未来 5 年、10 年甚至 20 年的发展趋势。比如，研究中国工业化、城市化的发展历程，就可以洞悉哪些是朝阳产业，哪些是夕阳产业，当前处于哪一个阶段，这样就可以对拟投资行业进行有效取舍。

第三，研究的宽度。研究的宽度是指跳出行业或企业自身的范围，采用跨地区、跨行业、跨学科、跨类别的多维度研究，通过发挥学科的交叉优势触类旁通，培养穿越迷雾看清本质的洞察能力，将决策过程中的举棋不定转化为胸有成竹。比如，水泥、啤酒、饲料等产品的行业跨度很大，可谓是风马牛不相及，但其共性是产品自身价值较低，物流成本较高，销售半径有限，拓展异地市场需要建分装厂，都属于固定资产投入较重的行业，产品缺乏可存储性，周转速度很快但利润率较低。

第四，研究的独立性。研究的独立性意味着不能人云亦云，而是要敢于质疑，通过分析财务报表，阅读专业书籍和行业研究报告，得出理性、系统、客观的研究结论，但这还远远不够，还要深入挖掘财务数据、行业信息背后的逻辑和原因，不仅要看"数"，更要看"路"，这样才能得出富有见解的结论。

第五，研究的实地性。俗话讲"百闻不如一见"，任何资料研究、财务数据都不能替代实地调研，数据不一定永远有用，数据不等同于真相，真相往往比数据更加复杂，必须研究数据背后的真相和事实。只有通过调研拟投资企业的经营者、管理者、员工、经销商、供应商等利益相关者，才能得到最直观的认识，了解数据背后的事物真相。请务必牢记，研究的质量决定了投资的成败，精确的数据无法替代大方向上的判断，战术上的勤奋不能弥补战略上的懒惰，只有坚持研究投资的本质，才能无限接近真理。

（三）洞察企业生态结构

股票投资就是投资企业。如何评估企业经营成败的决定性因素，把握企业未来发展的趋势？这是投资者最为关心的问题，可以从经营者、商业模式、经营环境、组织文化等几个维度进行考察和评估。

1. 经营者

观察经营者就是要看企业的核心灵魂人物是否具有伟大的格局，看他的内心操守和价值追求，看他对商业本质的理解与投资人是否志同道合。对于投资者来讲，了解人就是在做最大的风险管控，某种程度上比财务性风险控制更加重要。天底下不管是好事还是坏事，大事还是小事，都是由人做的，一流的人才有可能把三流生意做成一流；反之，三流的人才即使做一流的生意，也可能把一手好牌打得稀烂。只要是把人看准了、选对了，投资风险自然就小了。

投资说到底就是投资这家公司的老板。关注企业的核心灵魂人物，不仅要看其学科背景、专业能力、工作阅历等硬实力，更要看其待人接物、为人处世、价值理念、终生学习、开拓进取、持续创新等软实力，即通常所说的人生观、价值观、道德观，"三观"不正、品行不端的人不值得合作共事。片面追求经济效益，只是关心个人利益，缺乏仁德之心、关爱之心、进取之心的人，可能会短时得逞，但长此以往一定会摔跟头，犯错误，事业不是做不大，就是做不久。

2. 商业模式

观察商业模式就是要看这个生意的本质属性，不仅要看其挣钱的方式，看其满足了客户的哪些本质需求，看企业的核心竞争能力、市场壁垒、拓展空间、资源能力边界，看其是否具有动态的"护城河"，更重要的是要运用以终为始的逆向考虑方式，关注这种商业模式的前提条件、依赖环境等关键因素，思考其演变的可能性，该生意从哪里来，到哪里去，哪些前提决定生死，哪些因素影响成败。当行业集中度进一步提升，技术取得突破，产业价值链重构之后，这个生意能否经得起时间的检验，能否还能产生复利的价值。只有当这些问题都考虑清楚之后，才能对这种生意的商业运营模式得出是否具有长期投资价值的结论。

3. 经营环境

任何企业都是在一定的环境中生存和发展，环境是投资决策的重要出发点。观察经营环境就是要看该生意所处的经济发展阶段、政策环境、社会环境、人口结构、市场格局、产业链结构等多个方面因素，既需要观察企业的微观经营环境，又需要考虑行业竞争的中观环境，更需要思考经济周期、金融周期、产业发展周期等宏观经济因素。比如说，电子商务、移动支付的兴起引发零售业结构的巨大变化，传统的店铺零售模式受到极大的挑战；人口结构老龄化、家庭小型化导致房地产中小户型蓬勃兴起，以及医疗服务行业快速持续增长。

面对错综复杂的环境因素，必须深入思考经营环境对于投资项目的影响力，哪些是促进因素，哪些是制约因素，环境会向哪个方向演变？只有深入洞悉这些影响因素及其发展趋势，长期价值投资才能心里有底、遇事不慌、信心十足。

4. 组织文化

观察组织文化就是要看该企业是否具有团结一致、朝气蓬勃、奋发向上、积极进取的文化价值观，要看这种组织文化能否孕育出优秀的治理结构、科学的决策机制、系统的运行流程等管理能力，能否具备使产品更优质、服务更人性、运行更高效等经营能力。如果一个企业内部矛盾重重、圈子盛行、不思进取，那么这样的企业就不值得投资。

5. 动态评估

古语讲"不谋万世者，不足谋一时；不谋全局者，不足谋一域"。意思是说不从长远利益角度去考虑问题的人，就不足以筹划好一时之事；不从全局角度来筹谋的人，就不能够在某一领域取得成就。

从投资角度来看，经营者、商业模式、经营环境、组织文化等几个因素不是一成不变而是动态变化的。经营者创造出商业模式，经营环境塑造着商业模式，组织文化驱动着商业模式，有些商业模式又会影响经营环境。如何把握其中的动态变化？这就要多观察、多调查、多思考、多研究，就像练习射击一样，平时多瞄准，有了八九分把握之后才扣动扳机。

（四）警惕机械式价值投资

从哲学上讲，天下万事万物总是一分为二的，必须掌握好度，否则就会过犹不及而走向事物的反面。价值投资也不例外，既要拒绝带有机会主义倾向的投机行为，又要警惕形而上学式的机械价值投资。

什么是机械式价值投资？简单地说就是机械地长期持有，机械地寻找低估值，机械地看经营基本面。与机会主义倾向相比较，机械式价值投资更具有教条性、迷惑性，更容易踏空或套牢，更容易错失良机。

首先，长期持有只是手段和途径，而非目的。价值的实现有多种形式，需要时间的积累、政策的变化，或者资金的推动，而且长期本身就是一个不确定时间概念，谁也不能确定长期是指 1 年、3 年、10 年，还是更久的时间。

其次，购买低估值的股票并不是价值回报的持续来源，更应当关注企业持续创造价值的能力、成长速度。相比低估值的股票，理解该股票被低估的原因才更加重要。比如，一些公有事业、银行、保险类股票，估值一直比较低，股息分红比例较高，现金流量非常稳定，但其成长性不强，或者价格受到管制，就是一只类似于高级债券的股票。

最后，价值投资是着眼于未来的趋势性投资。经营基本面表示的是历史数据而非未来的业绩，虽然说可以从历史推导未来，但历史不等同于未来。必须对这些企业进行动态评估，关注环境的变化对其商业运营的影响，是发挥正面促进作用，还是起到负面限制效应。

　　简言之，天下没有一成不变的事情。坚持长期价值投资并不意味着持有 8～10 年或永久持有，股票也需要经常评估，否则长期投资就变成了思维懒惰、行动迟缓的借口，这样就会失去其本身的价值，走向了价值投资初衷的反面。比如，巴菲特在 50 多年的时间内，有数据可查的就一共投资了 200 多只股票，持有超过 3 年的股票只有 22 只。只有通过不断评估，持续改进，动态优化，才能形成比较理想的投资结构。

第四章 投资者的自我修行

股市投资既需要智商，也需要情商。投资是一场不折不扣的自我修行，需要经历人性的考验、性格的修炼。一方面是积极探索外部世界，寻找投资机遇和标的；另一方面是谋求心灵的平静，不为外部杂音所干扰。如何才能做到尊重常识、认知自我、合理取舍？这就需要从以下几个方面进行自我修行。

一、强化心理素质

很多人投资收益不理想，不是技术问题，而是心态问题。身处资本市场从事股票投资，如果没有强大的内心，是一件很痛苦的事情。机会都是跌出来的，风险都是涨出来的。如果控制不住自己的情绪，股价涨了兴奋得睡不着觉，因急涨而忘性，股价跌了担忧得心事重重，因急跌而失措，那就会严重影响生活质量，损害身体健康，还不如远离股市。股票投资需要具备哪些心理素质？具体而言就是细心、耐心、决心、信心和定力。

（一）细心

发现投资标的需要细心。对于感兴趣的股票，需要阅读其相关的研究报告，分析其财务报表，探讨其商业模式的合理性，思考其未来发展的趋势。有条件的话还需要到企业进行实地调研，把准备投资的标的研究清楚，与同行业的类似企业进行比较分析，货比三家不吃亏。只有精心细致地甄选标的，才能去伪存真，吹散黄沙始见真金。

（二）耐心

如同狩猎一样，善猎者必善等待。交易之道在于耐心等待机会，对于拟投资的股票，需要耐心等待合理价格的出现，就像高明的猎手那样，做好各项打猎准备工作之后，静待猎物的出现，这个过程可能长也可能短，不宜操之过急。建仓之后需要耐心持股，与其时刻骑驴找马，不如咬定青山不放松，只要趋势不坏，就一路持有，做时间的朋友，耐心等待股票价格上涨。

（三）决心

在买卖交易操作的时候要有坚定的决心。好比是一个猎手，经过长时间举枪瞄准之后，出现合适的时机就要果断扣动扳机，犹豫不决就会错失良机，让前期所有准备工作付之东流。

（四）信心

持股期间要对股票持有坚定的信心，不打听小道消息，不随意跟风，不这山望着那山高，而是保持内心的平静，不因股价的暂时波动而惊慌失措。放长时间来看，优秀企业的股价都会持续上升，不会辜负投资者的期待。

（五）定力

情绪是交易的敌人，愤怒、恐惧、贪婪、急切、渴望、犹豫，都会影响正确的判断或决策。保持平静而坚强的内心，培养耐心、决心和信心，为何说起来容易做起来难？其中需要解决几个问题：

第一，解决资金压力。资金一旦有了压力，心态就会扭曲。如果是借钱投资、卖房投资、加杠杆投资，股价的每一次波动都会极大地牵动神经，在资金压力下有可能做出非理性的操作，或者忽视正常的股价波动而惊慌出局，或者受制于资金的使用时间，在没有机会的时候孤注一掷，最终满盘皆输。

第二，克服从众心理。看到别人投资挣钱了，自己也想投资致富，看别人买入就买入，看别人卖出就卖出，这样操作很容易高位被套，成为"被收割的韭菜"。

第三，克服自我疑虑。有些人有着莫名其妙的妄自菲薄心态，总是无缘无故地自我怀疑，自我焦虑，认为好孩子总在别人家里，好员工总在其他单位，好股票总在他人手里。没有信心、缺乏定力是不可能取得良好投资收益的。

第四，克服过度乐观。有些人投资股票挣了点钱就认为自己极有天赋，一朝顿悟定能明日股市封神，名满江湖。过于高估自己，过度乐观，甚至有些狂妄自大，最后往往剩下的只是虚幻的满足以及现实资产的累累伤痕。

古人讲"初有决定不移之志，中有勇猛精进之心，末有坚贞永固之力"，这就是投资者长期自我修炼的写照。做投资就需要保持平和的心态，经历人性的考验，以及性格的修炼。

二、提升认知水平

俗话说，饼再大也不可能大过烙饼的那口锅。任何人都不可能赚取认知之外的钱，即使有幸赚到了，那也只是遇上了好运气，长此以往迟早还得赔还给市场。要想获取丰厚的投资回报，投资者不仅要尊重常识，克服人性的弱点，保持心理的稳定，还需要增加学识、增长见识和提升认知水平，具体可以从几个方面加强学习和思考：

第一，学习一些金融学和经济学的基本知识，具备相应的经济常识。这样才能掌握经济政策的基本框架，洞察商业模式的基本逻辑，从而不被外部纷繁复杂的现象所蒙蔽，不为外界众说纷纭的意见所干扰。

第二，关心宏观经济形势与政策，了解经济发展趋势和政策走向，从而把握投资的热点和方向。

第三，阅读一些行业研究报告，掌握相关行业的竞争格局、上下游产业链结构、价值链分布状况、行业内部核心企业等信息，从而提升投资活动的针对性和准确性。

第四，阅读相关企业的经营分析报告和财务报表，掌握企业经营活动的实时动态，分析其商业模式的可持续性，预测其进一步发展的趋势，从而为投资决策提供重要依据。

第五，总结自身的工作经验。投资活动与工作实践并非"路管路、桥管桥"

各自独立存在，而是存在着诸多的共性。分析自身所在企业以及股东、客户、供应商等相关联企业的经营活动，总结其中的成败得失，从身边熟悉的事物举一反三、推而广之，这对于拟投资企业就会有更加深入的理解，理解得越深刻，阅历越丰富，投资成功的概率就越高。

第六，吸取他人的经验教训。既要学习赢家的成功经验，从中吸取有益的养分；又要吸取输家的失败教训，有则改之，无则加勉。只有通过思考正反两方面的成败得失，分析其背后的逻辑和原因，才能让自己少交学费，多获收益。

提升自身的认知水平，本质上是一个持续学习、不断思考、时刻反省的过程，只有不断地扩大视野、丰富学识、增加见识，才能去伪存真、去粗存精，减少投资的盲目性，提高投资的成功率。

三、拒绝投机

长期价值投资是相对于短期机会主义倾向而言的，其核心理念就是利用长期的时间来对冲短期的空间，运用长期的可预见性来克服短期的不确定性。投资和投机事实上很难严格区分，一般来讲，投资着眼于价值投资和趋势投资的长远收益，通过深入分析和认真研究，以事实和数据为基础，不过度关注股价短期的波动，即使短期因操作不慎而被套，也可以通过长期持有获取资产增值所带来的投资回报。投机则着眼于短期收益，充满了猜测、押注和赌博心态，通过波段操作进行频繁交易，利用股价短期波动来赚取差价。

股票价格的短期波动受到政策、资金、情绪、心理等多重因素的影响，各种不确定性就是风险。在现实世界中，没有人能够提前一天准确预测股市涨跌，如果存在着这种人，那人必定是世界上最富有的人，而事实上这种人并不存在，所谓的各路"股神"不是疯子，就是骗子。

俗话说"久赌必输"，那些热衷于听小道消息、追涨杀跌、坐庄操纵、跟风炒作的投机者，基本上与赌徒无异，靠下赌注是不可能成功的。孤注一掷豪赌一次就想大赚一把的人，结果往往适得其反。历史上从来没有人是依靠赌博发家致富的，投机炒作虽然可能会得逞一时，但只要做错一次就可能坠入深渊、万劫不复，赔上身家，甚至性命。

四、保持理性

也许很多人听说过 17 世纪荷兰郁金香的故事，这是人类历史上第一次有记载的金融泡沫，一些人也许亲身经历过 2008 年、2015 年股灾的惨烈，也有人体验过比特币暴涨暴跌如同过山车一般的过程。历史的悲剧为何一次次地重演，而且都带有类似的韵脚，都是相同的配方，都是熟悉的味道？背后所体现的是贪婪、恐惧、从众、功利等亘古不变的人性。从某种意义上讲，股票投资需要具备反人性的思维，克服人性的弱点，培育理性的思维，保持清醒和警惕。

（一）不要跟风炒作

羊群愿意扎堆，猛兽永远孤独。可惜很多投资者就像羊群中的绵羊，领头羊走到哪里，后面的羊群就跟到哪里，全然不顾身边还有恶狼或者还有更鲜嫩的草地。看到一只股票疯狂上涨，很多人争先恐后地追着买入，这种盲目从众、跟风追涨的结果不是被骗就是损失惨重。比如，2015 年大牛市期间，很多投资者在行情大涨时盲目买进，跟风炒作，甚至买了不少"妖股"，随着大盘的调整和逆转，遭受了巨大损失。

如何避免羊群效应？必须牢记这句话："人多的地方不要去。"从某种意义上讲，保持理性和清醒就是最大的风控，一些上涨过快的股票很可能就是一个个即将破裂的泡沫，一个个深深的陷阱。因此应当及时做出判断，在交易前预先设置好止损点和止盈点，不能只见其饵而不见其钩。

孔子讲"君子不立危墙之下"。只有善于观察，才不至于招致大的风险。遇上问题多问一次为什么，就会多一分把握。不要被贪婪蒙蔽了头脑，让情绪主导了行为，没有八九分把握就不要冒险，没有经过深思熟虑就不要贸然交易。

（二）分散投资风险

防范风险、保住本金永远是第一位的，这也是投资策略的基石。也许很多人听说过"不要把所有鸡蛋放在一个篮子里"这句话，但在现实中却有不少投资者会直接满仓一只股票，这种押宝式行为是极其危险的，与下赌注没有太大的差异。比起购买单一股票，更好的办法是根据自身的风险承受能力，采取分散投资的办法来降低投资风险。虽然分散化投资不能给予极高的投资回报，但可以提供比较稳定的收益率，避免出现因一只股票暴跌而导致无法承受的损失。

做投资好比是一场马拉松长跑，不是比谁在某个阶段跑得快，而是比谁看得深、看得远、看得准，比谁活得更长，赚得更久。只要分散了风险、防范了风险，收益自然就会接踵而至，不请自来。

（三）避免频繁交易

俗话讲"小心驶得万年船"，多一点谨慎，多一份清醒总是没有错。现实中一些投资者过度自信，经常会根据以往的投资经验做一些主观臆断，觉得自己判断能力好，投资方向正确，能够把握住行情，进行频繁交易。其实从长期来看，决定股票价格的只有企业的价值，但是短期内有着太多的因素影响着股价，在股价波动中频繁操作赚取差价是很不理智的行为，白白增加交易成本。频繁交易是不可能取得太大成功的，看重小利的人，不会有大收益，结果往往是抵制不住贪婪的诱惑而在高价时购入，控制不住损失的恐惧而在低价时离场，成为被市场收割的"韭菜"。

如果在投资中不幸遭受损失，事后必须深刻反省、总结和检讨。千万不要被波动的价格迷失了初心，只记吃不记打，好了疮疤忘了痛。如果被一根阳线改变认知，二根阳线转变信仰，三根阳线颠覆三观，在下一次投资活动中重蹈覆辙，犯同样的错误，被同一块石头绊倒两次，那就太令人遗憾了。

五、规避几个投资陷阱

人们常说"千里马常有，而伯乐不常有"。事实上千里马也不常有，而是驽马常有，鉴定驽马多了，自然就知道什么是千里马了。如果能够保持一颗平常心，再加上独立思考，遵循一套严格的选股方法，就可以规避一些投资陷阱。具体来讲，投资陷阱主要呈现以下几种形式：

（一）价值陷阱

任何投资者都希望买到物美价廉的股票，较低的市盈率是一个非常具有诱惑力的指标，但这种便宜却是一个极易上当的圈套，具体可以分成几种情况。

第一，经营业绩已严重透支的企业。比如，2020年突如其来的新型冠状病毒性肺炎疫情席卷全球，一些生产手套、口罩、消毒液、防护服、熔喷布、口罩机、核酸试剂等防疫、抗疫用品的企业业绩井喷，平时名不见经传，一朝变成大明星，收入和利润比正常年景增长几十倍、上百倍，财务数据非常出色，而市盈率却在10倍左右甚至更低水平。这种乌鸡变凤凰的股票看似诱人实是陷阱，这种疫情属于偶发性公共卫生事件，不具有可持续性，那些企业用一年时间已经透支了未来好多年的业绩。从某种程度上讲，这种偶发性收益可以理解成非经营性收益，等到疫情过去之后，凤凰还得变回乌鸡的原形。

第二，行业进入门槛低、市场竞争激烈的企业。比如，一些制造电气、机电、家电、宠物用品的企业，凭借敏锐的市场嗅觉，快人一步的产品先发优势，率先采用新型商业模式，取得了竞争优势，营业收入增长较快，利润比较丰厚。但如果这些企业未能建立起技术、品牌、渠道等核心竞争优势，没有行业进入壁垒的保护，这种优势就很难维持，很快就会引来一群模仿者、竞争者，陷入产品同质化严重、大打价格战的"红海"状态。

第三，已经过了行业巅峰期的企业。比如，房地产开发企业、互联网金融企业的黄金时间已经一去不复返，成为政府管制、限制的对象，尽管具有市盈率较低、经营业绩良好、股票性价比较高等特点，还是不适合投资，可能会陷入投资陷阱。

如何识别价值陷阱？不能单纯只看绝对的低市盈率，千万不要被静态的估值水平迷惑，而是要综合考虑其行业生命周期、业务发展潜力、行业竞争格局、行业市场壁垒等多方面因素，核心要素就在于全面评估企业的经营业绩、竞争优势是否具有长期的可持续性。如果准备投资的企业具备这些特征，那就是沙里淘金、物美价廉；反之，那就印证了一句俗话"便宜没好货，好货不便宜"。

因此，宁可买高成长、高估值的股票，也不投低增长、低估值的股票。投资不能只图便宜，一个看上去物美价廉的股票未必就是一个理想的标的，必须要有好的成长性和盈利性，经营业绩的长期可持续性才是关键所在。

（二）成长陷阱

投资者都希望自己所投资的企业能快速成长，股票的价格能持续上涨，但在现实中一些股票的价格老是涨不上去，这就可能陷入了成长陷阱，具体表现为以下几种情况：

1. 成长空间有限的行业

不同行业的市场空间有着天壤之别。有些行业是大众化市场，发展空间犹如星辰大海浩瀚无比，比如新能源汽车行业就有着上万亿元的市场容量；而有些行业却是小众化市场，如同精致的盆景或美丽的园林。比如，生产单晶或多晶光伏电池板时，必须要用到关键性材料铝浆，虽然铝浆不可或缺但是用量极少，全球一年需求也不到40亿元，市场容量相当有限。尽管这类小众化企业的利润率非常高，资产质量相当好，但成长的空间和速度有限，很容易碰到行业天花板，属于"小而美"的典型，只能成为"小河里的大鱼"。

没有价值的成长就缺乏任何意义，没有成长的价值就是价值陷阱。这种长不大的"侏儒"型企业是价值投资的天敌，不是时间的朋友，而是时间的敌人。所以，在投资决策过程中必须考虑行业的市场空间、企业的增长速度、成长的可持续性等因素。如果只看经营基本面，投资了"小而美"企业的股票，很容易面临长不大、涨不快的局面。

2. 估值过高的股票

股市有句话叫作"问君能有几多愁，恰如满仓中石油"。话虽有些调侃，却是意义深远。有些股票属于当时的"风口股"，甚至是"妖股"，买入时股价已被炒得很高，未来业绩已被严重透支，不要说股价继续上涨，恐怕连解套都会成问题，买入高估值的股票本身就是一种错误。

在投资活动中，可怕的事情既不是买在相对高位，也不是暂时浮亏。任何买入的行为都要做好买后就暂时浮亏的心理准备，基本面优秀且业绩高增长的股票会很快填平高估值，使估值返回到合理区间，即使输了时间不会输本钱。随着时间的流逝，这些股票的股价会不断创出新高，比如贵州茅台、海康威视等股票。只要有足够的耐心，就会不断地享受企业成长的收益。

基本面平庸且成长性偏弱的股票，如果买在相对高位，可能很长时间都解不了套，甚至会有退市风险。比如，曾经风光无限的乐视网、康美药业、康得新等股票，让多少投资者血本无归、一腔悔恨。一旦不幸买入这类股票，则既输时间又输本钱，还是尽早认赔卖出为好。

3. 周期性股票

钢铁、有色金属、能源等大宗商品及相关行业具有强烈的周期性特征。这些企业的股价波动受行业自身周期性因素和股市大盘波动的双重影响，股价波动呈箱式格局，几年时间经历一个周期性轮回。

如果没有对这些行业周期性波动规律进行深入研究，掌握其周期性变化的规律，投资时没有踩准周期变化的节奏，无论是在行业繁荣阶段股价高涨时盲目追涨，还是在衰退阶段股价下落时着急抄底，都会需要几年时间才能解套。只有当股价下落到行业周期的低点时，才会迎来从复苏到繁荣的高光时刻。

4. 受管制的行业

粮油、电信、电力、传媒、金融、公用事业等涉及国计民生、社会安定的行业及相关企业虽然具有一定的市场垄断性，但其企业发展规划、产品或服务的价格受到政府的严格管制，政治利益占据第一位，经济效益反而是第二位的。

由于受到政府的严格管制，缺乏市场化的价格自主性，企业的成长性不可能表现良好，股价也不可能涨幅较大。如果买了这些公司的股票，尽管资产质量优秀、业绩平稳增长，也只能着眼于收益分红，类似于高级债券。

如何才能避开成长陷阱？最好的办法就是以一颗平常心来思考生意的商业模式，以及影响这种商业模式的相关影响因素，具体观察近年来企业经营业绩的增长情况，不能为了发现成长股而定义成长股，否则很容易被"风口来了鸡犬升天"的表象所迷惑。

（三）信息陷阱

在当今信息社会中，投资人面临的不是信息短缺的问题，而是信息过量、良莠难分、真伪难辨的难题，很多时候犯错误的原因不在于信息收集不全，而在于心理上的选择性偏见，做出了信息误判，从而导致投资决策失误。

如何才能避免信息陷阱？需要采取三个步骤来辨别信息真伪：

第一，听意见。广泛收集信息，听取各方的意见，偏听则暗，兼听则明。

第二，无成见。不要抱有先入为主的思想，或者自己先形成意见，再来选择信息加以验证其合理性，对相同的意见如获至宝，对相反的意见嗤之以鼻，这样就会犯心理学所说的选择性偏见的毛病。

第三，有主见。对收集到的信息按照重要性原则进行筛选，给信息赋予权重，以此识别哪些是主要信息，哪些是次要信息，哪些是真知灼见，哪些是杂音噪音，甚至是误导和圈套。这样才能形成自己的主见，抓住事物的本质，才能从研究转变成决策，从研究员转化成投资人。

信息本身并没有立场或观点，观察和评估的角度才决定了信息的取舍方式。只有保持理性、诚实和常识，克服贪婪和恐惧的心理，不断地学习和思考，不断地评估和修正，不断地论证和总结，才能判断出哪块云彩真正会下雨。

第五章　把握宏观经济大局

宏观经济形势与股市变化存在着一定程度上的因果关系，股市长期繁荣要看宏观经济的持续增长动能，股市短期波动与经济政策、货币政策紧密相关，投资股市不可能不考虑宏观经济的因素。宏观经济又非常复杂，必须化繁为简，找到几个与股市变动密切相关的关联点，来决定股票的配置情况。

一、经济周期

经济周期一般是指是总体经济活动扩张与紧缩的交替进行或周期性波动变化的现象，一般可以分为繁荣、衰退、萧条和复苏四个阶段。经济周期的持续时间从长到短大致可以分成四种类型：一是康波周期，为期 50～60 年，与人一生的经济轨迹基本相符，可以说是人生的财富周期。二是库兹涅茨周期，又被称为建筑周期，平均长度为 20 年左右，与房地产兴衰周期较为吻合。三是朱格拉周期，为期 9～10 年，基本符合宏观经济变化态势。四是基钦周期，又被称为库存周期，为期 3～4 年，平均时长 40 个月，周期长度与大宗商品的变化规律较为吻合，在大宗商品交易和股票交易中得到较多应用。

历史经验表明，投资收益的 90% 以上是由大类资产的配置所决定的。也就是说，买哪一类资产比具体买什么、什么时候买更重要。在不同的经济阶段，各类资产的表现完全不同，这就是所谓的经济周期和资产轮动。可以这样讲，经济周期决定了大类资产的选择问题，这是投资股票的前提。

（一）把握经济周期的节奏

1. 康波周期

康波周期的核心观点认为，全世界的资源商品和金融市场会按照 50～60 年为周期进行波动。该理论将整个经济周期分成四个阶段，前 10 年是复苏期，接着 20 年是繁荣期，后面 10 年是衰退期，最后 10～20 年是萧条期。当前处于从 1990 年至 2040 年或 2050 年的第五个康波周期，位于繁荣期与衰退期之间。

一个康波周期大致由五六个中周期组成，即五六个历时 10 年左右的朱格拉周期，比如，1997 年东南亚金融危机、2007 年底美国的"次贷危机"、2018 年中国股市的非理性下跌。以此类推，下三次中周期危机会不会在 2028 年、2038 年、2048 年前后爆发，有没有可能与大周期的萧条期重合共振？这就需要密切观察并加以重视和防范，提前做好各方面部署。

一个康波周期 50 到 60 年，这就意味着很多人一生只能赶上一次康波，人生的财富积累根本还是来源于资产价格的投资。从某种意义上讲，人出生在康波周期的某个时点，就注定了其一生的经济轨迹。因此有人说，人生发财靠康波，财富由康波注定，康波周期就是人生的财富周期。

投资的本质亦随经济周期而动，掌握了周期原理，在正确的时间点布局合适的资产，也就掌握了财富增长的密码。比如，国际上巴菲特、索罗斯等投资巨头的出现，国内房地产企业、互联网企业的快速兴起，都是处于康波周期的复苏和繁荣阶段，踩准了经济周期的节奏，站上了时代发展的潮头，可谓时势造就英雄。

2. 基钦周期

基钦周期是 3～4 年，平均周期时长 40 个月，这与大宗商品价格指数、股市大盘指数的变化规律大致相符，其中价格快速上涨或下跌阶段在 1.5～2 年的时间，这也是最有投资价值的阶段。美国股市的历史数据表明，美国股票价格的历史周期为 40～43 个月，平均值为 40.68 个月。诸多实践经验证明，具有足够的耐心、信心、恒心能够持有一个股票 10～20 年的投资者可谓是凤毛麟角，绝大多数股票投资者持有一个股票的时间通常不会超过 4 年，踩准节奏、把握波段、低吸高抛成为主要的获利方式。

从某种意义上讲"股市发财靠基钦"，把握好基钦周期就成为获取投资短期收益的重要途径，这也是广大股票投资者最为关注的周期。

3. 美林投资时钟

康波周期内部大周期套中周期、小周期的观点构成了美林投资时钟的理论基础。美林投资时钟理论将资产价格、行业轮动、经济周期联系起来，通过经济增长和通货膨胀两类指标来判断经济周期。经济有上行和下行两种状态，通胀有走高和走低两种状态，通过两两组合，就可以把经济周期划分成复苏、过热、滞胀、衰退四个阶段。对应的结果就是：经济上行加通胀低迷就是复苏，经济上行加通胀走高就是过热，经济下行加通胀走高就是滞胀，经济下行加通胀低迷就是衰退（见图 5-1）。

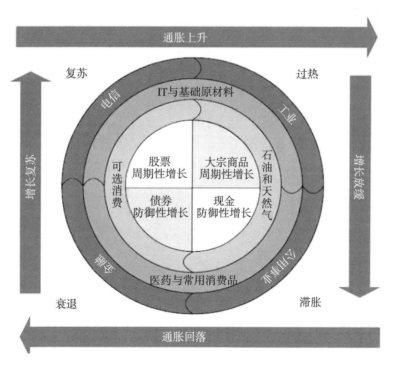

图 5-1　美林投资时钟

根据逆向投资思维，衰退期往往经济萧条、投资者信心不足、股市价格低迷，就是大规模建仓的好时机；过热期往往经济繁荣、投资者信心十足、股市价格高涨，就是清仓的好机会；复苏期可以加仓，滞胀期进行减仓，以此完成一轮投资活动。实践经验表明，股市具有一定的超前性，一般在宏观经济面见顶之前3~6个月见顶，在宏观经济面见底前3~6个月见底，需要规划好一定的提前时间。

（二）经济增长的衡量指标

经济周期看似简单，实则非常复杂。什么时候经济上行？什么时候通胀低迷？如何才能准确判断所处的经济周期？可以用以下几个指标进行分析和判断：

1. GDP 增速

GDP 是一个国家在一定时期创造的经济总量，由投资、消费、净出口构成，即所谓的"三驾马车"。中国的 GDP 增速呈放缓趋势，结合当前国内 GDP 的增长水平分析，年均增长率保持在 5%~6% 的水平。只要在正常情况下，没有天灾、疫情、战争等不可控、突发性因素的影响，GDP 增速大于 6%，到了 7%、8% 甚至更高水平可以理解为经济过热，GDP 增速小于 5%，甚至是负增长，可以理解为经济衰退或萧条。伴随中国宏观经济增速放缓的趋势，GDP 增速指标在未来也会相应地降低。

2. PMI 指数

PMI 全称是采购经理人指数，反映的是上游原材料价格的通胀情况。解读非常简单：一看绝对值，高于 50 说明经济走强，低于 50 代表经济走弱；二看相对值，指数上升代表经济走强，指数下降表示经济走弱；以此判断经济处于过热还是衰退周期。

3. 社会融资总量

社会融资总量就是全社会一共融了多少钱，包括的范围非常广，不管是房贷、企业贷款、发行债券、上市融资，都可以计算在内。这就意味着社会融资可以准确地反映实体经济的资金需求，成为预测未来实体经济增长的重要指标。

社会融资总量增加，意味着企业融资需求量提升，接下来投资、生产、消费活动就会变得更加旺盛，经济步入复苏和过热周期；反之，表示企业融资积极性不高，生产趋于衰退，经济进入衰退和萧条周期。

4. CPI 指数

CPI 就是居民消费价格指数，是评估下游消费品价格通胀水平最为关注的指标，可以看成是预测未来货币政策变化走向的一个变量指标。CPI 指数一般以3% 为界限，高于 3% 可以认为经济有所过热，接下来可能是紧缩政策，回收流动性；低于 3% 意味着温和通胀或银根偏紧，货币政策将可能有所扩张，释放流动性。

（三）经济上行阶段投资策略

经济上行、持续增长可以分成复苏和过热两种状态，复苏表现为经济上行、通胀下行或保持温和；过热则是经济上行，但通胀居高不下。在相应的经济阶段，不同板块的股票会呈现明显的轮动特征，需要采取针对性的投资策略。

1. 复苏初期——金融股

经济复苏初期与经济萧条的末期相连接，这个阶段应关注银行、保险、证券等金融股。无数事实证明，几乎每一轮牛市最先启动的都是金融股，其中有几项原因：

第一，经济复苏初期货币政策较为宽松，资金成本相对低廉，有利于降低金融企业的负债成本，金融企业的流动性宽裕、银根宽松，意味着挣钱的机会更多。

第二，复苏阶段经济开始活跃，企业融资扩张的意愿比较强烈，这将直接导致金融企业的业务范围和收益率的提升，扩大企业的营业收入和利润。

第三，经济复苏使得股票发行、债券发行、企业并购等活动增加，有利于金融企业增加资本中介、证券包销等业务收入。

2. 复苏中期——周期股

经济复苏中期一般表现为 GDP 增速加快，PPI 开始回升，CPI 依然保持在低位，这个阶段应重点关注建材、钢铁、有色金属、能源、工程机械等周期股。这些股票一方面得益于经济需求回暖带来的产能扩张，另一方面受益于产能缺口带来的产品价格回升，量与价的同时改善，增加企业的收入和利润。

周期股一般分成三大类：一是和房地产有关的水泥、建材、建筑等行业；二是和基建直接相关的钢铁、有色金属等行业；三是和制造业相关的工程机械、重型机械等产品。经济复苏一般先从房地产开始，拉动水泥、钢铁、陶瓷等建材生产，房地产复苏将增加地方政府的土地出让金，政府有了钱就会增加基建投资，房地产和基建投资进一步带动钢铁、有色金属、工程机械的市场需求。周期股的基本顺序是建材、建筑先行，随后是钢铁、有色金属持续上涨，最后是机械等相关制造业板块。

3. 复苏后期——科技股

经济复苏后期表现为 PPI 增长乏力，CPI 相对温和，经济继续保持上行，整个市场的风险偏好就会提升，这个阶段表现最好的是成长性的科技股。

4. 经济过热阶段——消费股

当经济持续增长，PPI 高位徘徊，CPI 上升，通胀压力从上游原材料端传递到下游消费端的时候，经济就会处于过热阶段。由于这个阶段经济活跃，就业率较高，消费者的收入有所增加，物价上升有利于提升消费类企业的利润，所以可以关注食品饮料、汽车家电、珠宝首饰等各类消费股，通过投资消费类股票分享物价上涨带来的收益。

（四）经济下行阶段投资策略

经济下行阶段主要就是指滞胀和衰退，两者的共性都是经济增速下滑，景气程度不高，投资意愿不强，企业经营状况不佳，只不过滞胀期是物价上涨，衰退期是物价下行。总体来讲，经济下行阶段股票投资机会不多，但各个阶段也有其相应的特点，股票配置也应采取适应性的调整策略。

1. 衰退初期——减仓观望

在衰退初期，企业盈利能下降成为制约股市的最大障碍，此时股票配置价值较低，其中有三点原因：一是经济下行导致投资、消费需求萎缩；二是产能严重过剩，企业的市场竞争压力加大；三是产能过剩进一步压低产品销售价格，挤压企业的利润空间。

这些情况导致企业的经营基本面恶化，投资者缺乏信心，基本上处于大熊市，只有一些结构性的机会，投资者应以减仓观望为主，不宜进行大规模投资。

2. 衰退后期——金融股

当经济衰退到一定程度之后，政府为稳定经济增长会采取一些刺激性政策，出台积极的财政政策和宽松的货币政策，金融体系内的流动性骤然增长，这就是所谓的"衰退式宽松"。

在正常年景中，如果货币宽松，资金就会流入实体经济。但在经济衰退阶段，金融机构不愿把钱贷给实体企业，所以大量资金沉淀在金融体系内空转，进入股市、楼市、债市等资本市场，经济出现"脱实向虚"的情况，形成了"水牛"。从股票市场来看，这个阶段资金面的持续宽松最有利于金融股。

3. 滞胀阶段——防守避险

由于衰退后期的"衰退式宽松"释放出大量的流动性，经济却尚未恢复增长，表现出经济增速缓慢、物价快速上涨的局面，这就进入了滞胀阶段。这个阶段的投资策略的核心是避险，只做一些防守型的投资，配置一些需求弹性较小、周期性因素干扰较弱的股票，具体有三类股票值得关注：

一是食品、饮料、医药、农产品等生活必需消费类股票。这些行业需求弹性较小，逆经济周期能力很强，与居民生活息息相关，无论经济形势好坏与否都不可缺少，即使在滞胀阶段，其收益能力也可以对抗通胀。

二是符合长期大趋势的投票。比如，在人口老龄化持续深入的年代，从长期看投资生物医药股很有价值。

三是电信、公路、电力、石油等公用事业股票。这类股票现金流稳定，股息分红率较高，基本不用考虑经济周期因素，完全可以当成高级债券长期持有，完全有能力抵御通胀的压力。

以上所述只是一个简化的周期投资方法，以供在投资操作中参考应用。在实际操作中，还需要考虑到国家政策、风险偏好、银根松紧、市场情绪等诸多因素。只有通过综合评估，才能做出准确的周期判断和投资决策。

二、流动性松紧程度

有人说股市是经济的晴雨表，这话不无道理。更准确地说股市是资金流动性的晴雨表，影响股价波动最直接的因素就是资金运动。资金涌向哪个行业或企业，哪个行业或企业的股价就会上涨。资金从哪里来？原因是多方面的，从宏观经济角度来看，资金来源于政府释放的流动性。

（一）流动性来源

什么是流动性？通俗来讲就是市场中钱的供求数量。央行决定了货币供应量，实体经济决定了货币的需求量，供给和需求交织在一起就决定了流动性的松紧程度，进而影响股市大盘的走向。流动性作为决定股市走向的核心因素之一，其宽松或紧缩程度与国家的财政政策和货币政策密切相关，财政政策决定了政府的投资方向和规模，货币政策决定了民间投资的规模，两者都代表着流动性宽裕的程度，都是影响股市短期波动的重要因素，特别是货币政策确定了经济扩张或紧缩的整体基调。对于投资者来讲，央行的货币政策和流动性环境都是不可忽视的宏观经济变量。

货币政策的首要问题是要确定政策的整体基调，一般可以分成扩张性、紧缩性、中性三种状态。扩张性政策一般在经济衰退时使用，增加货币供应，降低利率，有利于股市上涨。市面上钱多了总要有地方去，所以每一次大牛市都有货币宽松的影子，比如2015年的大牛市被称为"水牛"。紧缩性政策一般在经济过热、通胀过高时采用，就是减少货币供应，提高利率，往往导致股市的大跌，比如2018年股市的非理性下跌就与"去杠杆"政策相关联。中性政策就是货币供应既不宽松，也不收缩，保持总量平衡，只是进行适度微调，也就有了中性偏紧、中性偏松等状态。

（二）流动性评估指标

流动性宽松或紧缩的阀门控制在中央银行和财政部手中，表现为货币政策和财政政策。如何评估其松紧程度？可以观察以下几项指标：

1. 利率

利率表示资金的使用成本，与流动性呈反比关系。央行减息调低利率释放流动性，市面上钱多了银根就松，股市上扬；央行加息提高利率回收流动性，市面上钱少了银根就紧，股市自然下跌。

不同的行业对于流动性的敏感程度存在较大差异，对于利率变化有着不同的反应。地产、银行、保险、券商、汽车、能源、电力、冶金、航空等资产负债率较高、资产周转率较慢的重资产行业对于利率变化相当敏感，利率的上升或下调对这些行业的利润产生重大影响；而食品饮料、商贸、医药、传媒、互联网、纺织等资产负债率较低、资产周转率较快的轻资产行业对于利率变化就不那么敏感，利率变动对其经营业绩的影响力较小。

2. 法定存款准备金率

商业银行吸收社会存款，需要将一定比例的资金上缴央行作为保险金，这个比例就是法定存款准备金率，与流动性呈负相关性。央行可以通过调节这个比例影响银行信贷扩张能力，提高法定存款准备金率意味着银行可贷资金减少，市面上银根紧缩，股市下跌；降低法定存款准备金率意味着银行可贷资金增加，市面上银根宽裕，股市上涨。

3. 广义货币供应量（M2）

广义货币供应量（M2）作为反映货币供应量的重要指标，是指流通于银行体系之外的现金加上企业存款、居民储蓄存款以及其他存款，包括了一切可能成为现实购买力的货币形式。

从国内近 10 年的宏观数据分析，大致以 10% 的增速作为分界线，大于 10% 可以认为流动性相对宽松，如果大于 13% 甚至更高水平可以理解为超级宽松，政府在加杠杆，比如 2015 年 M2 平均增速为 13.3%，产生了大牛市。如果小于 10% 可以理解为流动性相对紧缩，如果在 8% 左右甚至更低水平可以理解为超级紧缩，政府在去杠杆，比如 2018 年 M2 平均增速为 8.2%，股市产生非理性下跌。

有一个公式 "M2-GDP-CPI=？" 可以大致衡量货币的宽松程度，即 M2 增速减去 GDP 增速，再减去 CPI 的增速。如果这个值大于 0 是正值，说明货币政策比较宽松，市面上银根较松，对股市比较友好；如果这个值小于 0 是负数，说明货币政策比较紧缩，市面上银根较紧，股市环境比较严峻。

4. 汇率

汇率是指一国货币与另一国货币的兑换比率。比如，人民币与美元的汇率是 1：6.65，就表示 1 美元可以兑换 6.65 元人民币。汇率的变动受到货币政策、国际贸易、央行干预、外汇储备、国际收支平衡等多重因素的影响。

落实到股市，货币政策宽松将会导致汇率贬值和股市上涨，有利于刺激出口贸易，利好家电、食品、饮料、电子、纺织、机械等出口比重较大的行业，但同时汇率贬值又意味着原材料、能源等进口商品价格的上涨，对于钢铁、有色金属、交通运输等行业则相对不利。反之，货币政策紧缩将导致汇率升值和股市下滑，有利于进口而不利于出口，对于出口比重较大的行业相对不利，而对依赖原材料、能源进口的行业则相对有利。

5. 公开市场操作

经常可以看到央行公开市场操作的新闻，其实包括回购和逆回购在内的公开市场操作是央行最直接、最常见的流动性调节手段。

回购就是当市场上货币过多、流动性过剩时，央行将有价证券（一般多为债券）卖给商业银行等金融机构，从市场收回流动性的操作，回购可以看成央行回笼资金，收紧银根，将导致股市的下跌。反之，逆回购就是当市场上流动性紧缩、银根较紧时，央行从商业银行等金融机构手中买回有价证券，向市场上投放流动性的操作，逆回购可看成央行释放资金，放松银根，将有利于股市上涨。

6. 其他调节工具

除了上述几项货币调节工具之外，近年来央行创新了常备借贷便利（SLF）、中期借贷便利（MLF）、短期流动性调节工具（SLO）等调节工具。但这些工具及操作行为只能影响短期的股市波动，而利率、法定存款准备金率、M2 则对股市运行产生较为长期的影响。

三、科技创新

科学技术是第一生产力。纵观人类工业文明发展历程，18 世纪末开始的第一次工业革命（工业 1.0）的主要标志是蒸汽机的广泛应用，人类进入"蒸汽时代"；20 世纪初开始的第二次工业革命（工业 2.0）的主要标志是电气化，人类进入"电气时代"；20 世纪 70 年代开始的第三次工业革命（工业 3.0）的主要标志是标准化、自动化；当前人类正在逐步进入工业 4.0 时代，走向数字化、网络化、智能化。每一次工业革命都是生产力和生产方式的巨大进步，都会产生一批时代性的伟大企业，而做投资就是要契合科技创新、产业升级的发展动态，投资时代性的企业，享受时代性的红利。

（一）创新动力

降低劳动强度，提高生产效率，创造更多财富，享受美好生活，这既是人类内心深处最基本、最原始的创新动力，又是社会不断进步、生产持续发展的源泉。结合现实情况来看，促进科技进步，实现产业升级，也有以下一些因素。

1. 国际产业分工

从国际产业分工来看，美国依靠美元的"铸币权"成为一个金融业国家、消费型国家，处于国际产业链的顶端；中国、德国、日本、韩国、印度等国家是制造业国家，输入能源和原材料，输出工业制成品；俄罗斯、巴西、加拿大、澳大利亚、中东产油国等国家依靠丰富的自然资源成为资源输出型国家。在金融业国家、消费型国家、制造业国家、资源型国家组成的全球经济生态圈中，中国的角色定位是一个制造业国家，这是一个短期内很难改变的现实。

2. 中美竞争不断加剧

中国要实现伟大复兴，美国要维持霸权，客观上中美两国必然成为战略竞争对手，中美博弈将在未来长期存在。为了遏制中国崛起，美国通过制裁中国企业、加强出口商品管制等各种手段卡中国的脖子。缺少核心技术、关键零部件和加工设备，可以让上万亿产值的产业停顿下来，造成巨大的经济损失。国内外无数事实证明，核心技术是不可能花钱买得到的，必须牢牢掌握在自己手中，否则关键时刻就会受制于人，被人卡住脖子，就像在流沙上建房子，房子建得再漂亮，也会因地基不牢固而经不起风雨。

虽然发展房地产、金融、服务等行业投入少、见效快，可以快速做大经济规模，但规模大、数量多并不意味着结构好、质量优，要从中国制造发展到中国创造，提升科技水平、培育高技术产业是必由途径。可以预见，政府一定会以更大的热情、更强的力度扶持基础科技研究，孵化产业应用，培育自身的"硬核"科技能力，实现核心技术的自主可控。

3. 人口红利优势不在

中国经济最大的优势在于门类齐全的工业体系、完整的产业链和巨大的国内消费市场，制造业结构与美国、日本、德国等发达国家形成互补关系，与印度、越南等发展中国家形成竞争关系。

普通制造业的竞争优势在于成本，面临的最大竞争对手是南亚、东南亚的发展中国家。这些国家拥有近 20 亿人口，产业大军主体都是农民工，这一点与中国的情况比较相似，只是这些国家的农民工更年轻、更廉价，发展普通制造业的潜力相当可观。而中国面临着人口老龄化、劳动力成本持续上涨的趋势，再加上能源、资源、环保等方面的条件限制，很难在低成本方面长期保持优势。

高端制造业的竞争优势在于技术和创新，中国有着世界上最为完整的工业门类体系，拥有庞大的工程师队伍，具备技术创新、产业升级的潜力。以创新为驱动，大力发展高新技术产业，实现中国制造向中国创造转变，中国速度向中国质量转变，中国产品向中国品牌转变，成为中国经济必然的战略选择。

（二）创新领域

1. 产业领域

从国家颁布的"中国制造 2025"、新基建等纲领性的文件来看，政府将大力推动十大重点领域取得突破性发展：即新一代信息技术产业（5G）、高档数控机床和机器人、航空航天装备、海洋工程装备及高技术船舶、先进轨道交通装备、节能与新能源汽车、电力装备、农机装备、新材料、生物医药及高性能医疗器械。

科技创新、产业升级不仅仅局限于制造业和数字化、信息化的嫁接与升级，更是指信息化与工业、商业、金融业、服务业等其他相关产业的全面融合，是数字化应用方面的全面创新，创造出一种全新的生产经营模式，极大地提升生产经营效率。

2. 产业特征

无论是新兴的高科技产业，还是传统产业的数字化、信息化升级，都将逐步运用"个性化订制+智能化设计+柔性化生产"的方式，体现出工业 4.0 阶段的一些特征，具有以下八大特征：

第一，"数"就是数字化。也就是设计、制造、管理的环节都要实行数字化，这是高端制造的核心所在。

第二，"精"就是精密化。产品、零件的加工精度、检测精度越来越高，向纳米级发展。

第三，"极"就是极度化。不仅是要求产品性能能够适应高温、高压、高硬度、高耐磨、高腐蚀等极端条件下正常工作，还要求产品形体能够适合极大、极小、极厚、极薄等苛刻条件，这也是前沿科技产品发展的一个焦点。

第四，"自"就是自动化。要求设计、制造、服务等各个环节实现自动化。

第五，"集"就是集成化。通俗而言就是综合或杂交，取人之长，补己之短，包括现代技术应用的集成、加工技术的集成以及生产管理的集成。

第六，"网"就是网络化。一是指企业利用内部的信息化网络，在产品设计、制造、管理等业务流程中充分共享相关的制造资源；二是指企业抛弃"小而全""大而全"的传统经营方式，形成生态化经营模式，有机整合企业外部资源。

第七，"智"就是智能化。这是集自动化、集成化、智能化为一体，并且是具有高科技水平的先进制造系统。

第八，"绿"就是环保化。体现物质文明、精神文明、生态文明的高度融合。

以上八大特征可以用八句话来概括："数"是核心，"精"是关键，"极"是焦点，"自"是条件，"集"是方法，"网"是道路，"智"是前景，"绿"是必然。

（三）投资策略

投资就是要着眼于未来，从科技创新、产业升级的趋势以及工业4.0阶段的八大特征进行分析和预测，可以从以下几个方面考虑投资选择：

第一，行业内的龙头企业。这类企业的市场占有率、企业经营效益已经在行业中占据了一定的优势地位，投资此类"白马"企业更为看重其行业地位和规模优势，期望强者恒强。

第二，发展最快的"黑马"企业。这类企业能够从小到大、从弱到强、后来居上，拥有快速成长的能力，意味着这类企业具有强大的技术研发水平，强大的市场开发能力，发展的前景不可估量。

第三，处于产业链核心环节的企业。这类企业之所以能够控制行业内的其他企业，获取行业最为丰厚的利润，往往处于行业"二八分成"的关键环节，凭借着技术、工艺、原材料、品牌等优势资源，做到以小制大，以虚控实。

第四，具有核心技术能力的企业。中国的一些行业和企业之所以受制于人，关键问题就在于缺乏核心技术能力，这些核心技术往往处于上游的原材料、零配件、元器件、加工设备等领域。比如，5G通信的核心环节在于芯片，航空发动机的核心环节在于材料。有些企业所谓的核心技术其实谈不上核心和关键，最多只能说是特长和窍门，经不起实践的检验。这就需要投资者充分了解行业，练就一双去伪存真、慧眼识珠的火眼金睛，从上游的核心环节、关键技术方面去寻找投资标的。

第五，专精特新的"小巨人"企业。这类企业往往具有一定的核心技术能力，拥有拿手的绝活，成长的空间极大，足以成为行业内的隐形冠军，带来丰厚的投资收益。

四、产业政策

做投资和做实业，千万不要低估政策的威力。政府掌握着主导资源，对于经济运营的干预能力非常强大，不可忽视政府的行业政策对于股市的强大影响力，必须关注政府的行业政策及动态。政府支持某些行业的发展，给予税收减免、财政补贴等优惠政策，就会促进该行业的发展，形成各种投资主题，比如，新能源汽车、光伏、风电、半导体等行业的快速增长就与政策支持、财政补助、税收优惠等扶持性政策紧密相关。

反之，政府制约或规范某些行业的发展，就会影响相关企业的经营活动和股价表现，见识过一些行业的整治威力，就会明白"没有什么是大而不能倒的"。比如，互联网行业"反垄断"，阿里巴巴、美团、滴滴等互联网巨头首当其冲，天价罚单重现市场，资本市场风云激荡。教育培训行业"反内卷""双减"政策的出台使得新东方、高途、好未来三大巨头的股价从最高点下跌超过90%，资本接近"团灭"。房地产行业"反炒房"，直接为房地产开发企业划定"三条红线"，相当于对开发商去杠杆、去产能；为银行画出"两条红线"，严控信贷资金违规流入楼市；为二手房交易制定市场参考价以补上漏洞，遏制炒房；政策覆盖了开发商、中介、银行、炒房团等所有领域，几乎没有漏网之鱼。

在政府的行业政策影响下，会形成诸多的政策性投资主题。比如说，一带一路、雄安新区、粤港澳大湾区、海南自贸港、军民融合、美丽中国、乡村振兴、健康中国、碳达峰、碳中和、数字中国等。面对着如此之多的投资主题，如何进行评估与投资？需要采取以下几项办法和措施。

1. 选择优质主题

既然投资主题这么多，就要从中精选优秀的主题，其中需要考虑几项要素：

第一，具有强大的战略性和现实性意义，自上而下推动的意愿非常强烈，这个主题既有现实性可以马上实施、立马见效，迅速拉动相关行业和企业，找到投资热点，又可以持续相当长的时间。

第二，主题想象的市场容量很大，发展潜力巨大，能够打开市场发展的空间，并且可以持续很长时间。

第三，政策颁布、领导人讲话、主题事件公告等催化性事件频繁，对于投资主题进行持续强化和扩散，能够调动市场投资情绪，拉长投资周期。

2. 确定投资周期

主题周期的持续时间一般要比经济周期、产业周期来得短，并且与行业和企业绩效、市场信心紧密相关。主题投资含有一定的炒作成分，资本的特点是热衷于追逐风口，投资热情的持续时间比较短，业绩和股价不会同步增长，一般只能持续几周或几个月时间，所以必须把握好投资的周期。

3. 精选优秀标的

在一个投资主题条件下，驱动力并不会相差甚远，可供选择的投资标的并不多，在具体选股方面，大致有两个思路：

第一，选择与主题相关性最强、代表性最高、受益面最大的行业龙头股票。由于龙头股票与投资主题关联度较高，并且本身就是行业的龙头企业，最有可能站上风口，成为最受益的股票。

第二，从历史数据寻找受此主题刺激涨幅最高的股票。投资者不是神仙，不可能未卜先知、精准预见并且提前埋伏于这几只主题股票，很有可能会错失主题风口，与之失之交臂。但是当主题再次升温时，这几只历史上受益的企业往往又会成为领跑该主题的龙头股票，这就需要耐心持续跟踪。

4. 选择好的投资时机

一般来讲，做主题投资有两个最佳时机：一是流动性上升期，流动性宽松有利于整个股市大盘的上扬，也有利于做主题投资；反之，流动性收缩阶段则不利于主题投资。二是市场风险偏好的上升期，市场风险偏好上升意味着投资者的积极性提升，股价有超越内在价值的发展趋势，容易出现持续时间较长的主题投资行情。

在操作方式上，可以采取分批买入和卖出的方式。最为理想的方式是前瞻性布局，但在实际操作中很难有此预见，当政策主题出台之后，可以先买入一批主题行业的龙头企业股票以观后效。如果后续的政策利好不断释放，主题投资空间不断扩大，可以适当追加投资；如果后续并没有出台更多的利好政策，也许该主题的周期较短，可以考虑见好就收，落袋为安。

5. 选择好的退出时机

任何形式的浮盈都是纸面富贵，只有通过卖出交易才能将账面财富转变成实际财富，否则这笔财富事实上并不存在。在进行主题投资时，可以选择三个时间点作为退出时机。

第一，主题的逻辑并不明确。有些主题过于偏向宏观，标语性、口号性内容较多，实质性内容较少，对行业的政策驱动力不足；或者是过于超前，提出一个大的发展方向，缺少具体可实施的落脚点；或者是实施面太多、太宽、太广，缺乏聚焦性，很难找到具体可操作的行业。对此类情况，只能是一时炒作，很快会偃旗息鼓。

第二，主题龙头企业股价基本见顶。龙头企业最能体现主题投资的核心逻辑，这些企业的见顶下行有着强烈的预警作用，将给新的市场参与者和增量资金发出信号，预示着这一波主题行情即将结束。

第三，后续政策刺激弱化。根据经济学边际效用递减的原理，主题投资需要持续性的一波又一波政策利好刺激，而且后续的刺激力度要比前一波更强大，这样才能起到良好的催化剂作用，维持该主题的投资热度。如果后续配套政策力度不大或间隔时间过长，就会降低投资者的风险偏好和投资热情，行情往往会告一段落，这就是退出获利的时机。

第四，增长发展趋势变弱。当一个企业的业绩增速呈现放缓的趋势，从高速增长转为平稳增长，就意味着投资的黄金时段已经过去，应当考虑卖出股票。这种增速放缓趋势一般来自两个方面：

一是企业外部环境变得不适合高速成长。比如，行业市场需求空间趋于饱和，从增量时代转入存量时代；行业市场竞争格局趋于稳定，很难再有"黑马"

出现的机遇和空间；政策导向发生根本性转变，从鼓励增长的行业变成限制发展的"去产能"对象；受制于资源供给瓶颈，或者技术研发很难取得重大突破，难以再上新的台阶，逐步从新兴产业演变成传统产业。如果企业面临这些外部环境，意味着其高速成长阶段基本告一段落。

二是企业内部因素不适合高速增长。比如，企业内部战略方向不明确，找不到新的经济增长点；企业股东之间争权夺利、矛盾重重，经营管理效率下降；企业的资源和能力有限，无法支撑起新的发展等。如果企业面临这些内部难以克服的困难，则表明企业将从卓越走向平庸，就要考虑卖出股票。

第六章　行业选择策略

任何企业都是在一定的宏观经济环境及行业环境中生存和发展，都是处于某个行业内的一个或几个细分市场之中。与宏观经济环境相比，行业环境对于企业经营的质量、绩效、前途的影响力更加直接、更加显著、更加深远。

股票投资就要选择好的行业、好的企业，也就是要选好赛道、选好选手，能否选到最好的选手有一定的偶然性。选择好的赛道就是要去寻找未来增速高、壁垒高、门槛高，并且还没有被发现的一些优质细分赛道，在这些赛道中找到很多隐形冠军。这就是巴菲特所说的"长坡厚雪"的理论，即要选择一个长长的坡道，坡道上有厚厚的雪，这样才能滚起大大的雪球。

一、行业的大致分类

行业有很多种分类方法，最为传统的莫过于国民经济核算中划分的三大产业：第一产业是农林牧副渔，第二产业是采掘业、制造业、建筑业，第三产业是交通运输、餐饮住宿、金融、信息等服务业。政府部门有非常具体的国民经济行业分类方法，2019 年 3 月 25 日，国家标准化管理委员会颁布的《国民经济行业分类》（GB/T 4754-2017）将国民经济产业分为 20 个门类、97 个大类、473 个中类、1380 个小类，各个产业及细分类别都有标准化的定义和分类。

中信证券从股票投资的角度出发，按照行业各自的风格属性，把行业分成金融、周期、消费、成长、稳定五大类，不同的行业，在不同的时间节点，表现差异相当显著。也有一些投资者从产业变化的角度将行业简单分成两大类：一是世界改变不了的行业；二是改变世界的行业。前者如食品饮料、金融保险、公用事业、交通能源、重化工业等传统产业，只要世界还存在，衣食住行等消费行为就会持续产生，就会提供长期而稳定的需求量，投资这类赛道，无疑更容易获得稳定的收益，适合于稳健型投资；后者如新型医药、互联网、高新科技等足以改变世界的新型产业，具有高成长性，适合于激进型投资。两者互相搭配，构建起防御和进攻相协调的投资布局。

行业分类是投资工作的前提，是一门必修的功课。从股票投资角度来看，无论行业如何分类，进入行业内部进行细分市场的研究，找到投资活动的出发点和落脚点，才会显得更具有现实意义。

二、行业分析方法

面对一个陌生的行业，如何从纷繁复杂的现象中找到行业的主干和框架，快速了解该行业？然后再从框架中寻找最为合适的细分投资领域，即通常所说的赛道？这就需要掌握一套方法和技能。

（一）行业发展前景分析

投资活动是立足当前、着眼未来，必须要对行业的发展前景有所了解，把握其发展的趋势，可以从产业的长期、中期、短期这三个角度进行分析。

1. 长期角度

从长期视角来看，行业分析必须考虑到人口周期、经济周期、技术周期。从人口周期来看，国内人口老龄化是不可改变的趋势，随着人口红利的消失，劳动密集型产业就会失去比较优势，同时医药、医疗、保健、消费领域将会迎来长期发展机会。从经济周期来看，中国的经济增速正在放缓，大规模的工业化、城市化基本结束，钢铁、水泥、有色金属、煤炭等重化工业，以及房产业、建筑业的黄金时代已经一去不复返。从技术周期来看，数字化、信息化、智能化引发新的技术革命，5G通信、互联网、物联网、人工智能、大数据、云服务、智能制造等新经济将成为拉动经济增长的动力来源。

2. 中期角度

从中期视角来看，政府的行业政策对产业的发展发挥着重要的引领作用。比如，政府对于新能源汽车的补贴政策陆续出台，带来新能源汽车的爆发式增长；碳达峰、碳中和政策的出台，将对清洁能源、节能环保产业的发展产生支撑引领效应。

3. 短期角度

从短期视角来看，关键要看一个行业是否符合当时的经济周期，踩准了投资节奏就可能大获其利，踩错了节奏就可能高位接盘，等到几年之后下一个周期节点才能解套。比如，生猪养殖业一般是 4 年时间一个周期，如果投资不慎，不幸高位接盘，理论上有可能在 4 年后才能解套，虽然未必会亏损本金，但空耗时间是确定的。

（二）行业分析工具运用

每个行业都相当复杂，如何快速掌握行业的主要框架、竞争格局、演变趋势等基本信息，理清该行业的主要线索，建立对该行业正确的认识，揭示相关企业的行业地位？这就需要借助美国哈佛大学商学院迈克尔·波特教授的"五力分析模型"和价值链分析工具，对行业进行横向分析与纵向分析。

1. 横向分析发现细分市场

每个行业都由不同的细分市场组成，这就需要进行市场细分、市场选择、市场竞争格局分析，具体可以采取以下几个步骤：

第一步，市场细分。市场细分有很多种分类方法，或者是按高、中、低端分类，或者是按产品用途类别分类，或者是按用户人群特性分类，或者按产品区域分类，这样就可以化繁为简，将一个复杂的行业分解成几个较为简单的细分市场，为下一步观察和分析打下基础。

第二步，市场选择。市场细分之后就可以观察到行业内一些隐含的重要信息，比如说，哪个细分市场容量最大，哪个细分市场增长速度最快，哪个细分市场利润最为丰厚，哪个细分市场壁垒最高。

如何对细分市场进行初步取舍？这是由投资者的投资目的、偏好、风险承受能力等诸多要素决定的，不能一概而论。着眼于市场投资规模的就要选择容量最大的细分市场，着眼于股票价格上涨速度的就要选择增速最快的细分市场，着眼于投资回报较为稳定的就要选择利润最为丰厚的细分市场。如果兼有增长快、利润厚、门槛高、现金流量充沛等特征的细分市场，那就是求之不得的优先之选。

第三步，市场竞争格局分析。根据波特教授的"五力分析模型"理论，一个行业内的竞争格局是由现有竞争者、供应商、购买者、潜在的进入者、替代品这5种力量组成，可以从这5个角度对行业内的某个细分市场展开分析，具体如图6-1所示。

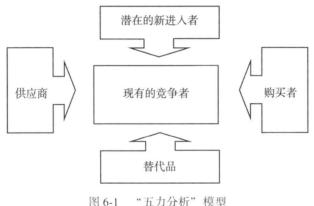

图 6-1　"五力分析"模型

一是现有的竞争者。在该细分市场，现在主要有哪些主要的企业，这些企业的市场份额分别是多少，其产品或服务的特色是什么，竞争优势和劣势分别有哪些，哪个企业是主导企业？如果能够回答这些问题，就可以对该细分市场的现有竞争格局有着比较清晰的理解，并且能够比较准确地精选到龙头企业。

二是潜在的新进入者。这个行业的主要进入门槛有哪些？具体可以从资金、技术、品牌、渠道、制造工艺、规模经济等几个方面进行探讨。如果市场壁垒较低，那就是一个自由竞争市场，市场竞争非常激烈，企业利润率不可能太高；如果进入门槛很高，那就有可能是一个寡头或垄断市场，企业将会有稳定的市场份额和预期回报。

三是替代品。替代品大致可以分成两类：一类是技术性替代，比如数码相机替代光学相机，这种面临技术颠覆性替代的产品没有任何投资的价值，迟早走向衰亡；另一类是功能、性能相似产品的替代，比如鸡肉、牛肉可以替代猪肉，这类替代品是投资决策时必须考虑的影响因素。

四是供应商。如果原材料、零部件等上游产品比较稀缺或技术含量很高，占据了产品成本的重要比例，供应商较少且处于强势地位，甚至对下游制造商形成垄断供应优势，那么该行业的发展就会受到供应商的严重制约。

五是购买者（用户）。分析任何行业都必须考虑用户或客户对于该行业的影响力，如果下游用户数量较少，客户集中程度很高，那么这些用户就会比较强势，在行业中掌握着主动权和话语权，下游用户在某种程度上决定着该行业的景气程度，那么投资该行业或企业就会面临较大的风险。

2. 纵向分析发现内在价值

行业的纵向分析有两条线索，分别是产业链和价值链，两者既有交集，也有各自的特点，都是分析行业各个环节附加值大小的重要工具，具体如图 6-2 所示。

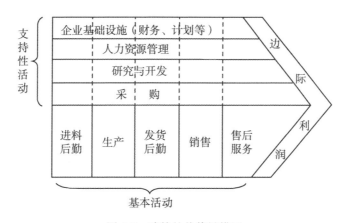

图 6-2　波特的价值链模型

第一，分析产业链的上中下游关系，找出附加值最高的环节。什么是产业链？产业链是各个产业部门之间基于一定的技术经济关联性，并依据特定的逻辑关系所形成的链条式关系形态，就像一只"无形之手"支配着行业的形成和运行。从理论上讲，任何一个行业都由上游的原材料供应环节、中游的制造加工环节、下游的用户销售服务环节组成。不同的行业在不同的环节上所创造的附加值相差甚远，一些行业是上游占主导地位，另一些行业是中游或下游更具附加值，必须针对某一行业展开具体分析。

第二，分析价值链上下游关系，寻找价值创造最为丰厚的环节。什么是价值链？价值链是企业生产的产品或服务增值的环节或链条，每个环节都增加了产品或服务的价值。在企业的生产经营活动中，材料供应、产品开发、生产运行可以被称为"上游环节"，成品储运、市场营销和售后服务可以被称为"下游环节"。上游环节经济活动的中心是产品，与产品的技术特性紧密相关；下游环节的中心是顾客，成败优劣主要取决于顾客的需求特征。无论是生产性还是服务性行业，企业的经营活动都可以用价值链理论进行分析，但是不同的行业价值的具体构成要素并不完全相同，必须针对行业特点展开具体分析。

比如，服装鞋帽作为一个被人熟知的传统行业，上游是研发设计环节，中游是制造生产环节，下游是销售环节，最能创造价值的环节在于上游和下游，款式新颖、品牌响亮、渠道覆盖是获取利润的关键所在，而中游制造环节创造的价值较低，各大厂商基本上采用制造外包的方式，专心于研发设计和品牌渠道建设，这就是著名的"微笑曲线"。如果有兴趣投资服装鞋帽行业，就应当投资品牌企业而不是制造厂商。

3. 纵横交错选择投资区位

面对一个错综复杂的行业，通过横向分析将行业分成几个可供选择的细分市场，或者选择规模最大，或者选择增速最快，或者选择利润最厚的细分领域；通过纵向分析从上游、中游、下游各个环节寻找和发现最具有价值、最具有行业控制力和影响力的环节；纵横交错就是将一个复杂的行业分解成一个个网格，这样既能够快速了解一个行业，又可为投资活动找到可供选择的区位。

值得注意的是行业分析必须切入行业上下游之间的环节，发现附加值最为丰厚的环节，明确这个环节具体是在上游，还是在中游或下游，必须具体行业具体分析，不能一概而论。先进产业并不意味着都是高收益，也有附加值低的环节；

传统产业并不都是低价值，也有高收益的环节。比如，5G 手机是高科技行业，利润主要体现在芯片、面板、射频、存储、操作系统等上游零部件环节，中游的装配、下游的销售就是相对的低利润环节。牙科诊疗服务是个传统医疗行业，上游的药品、器械、耗材、假牙并非关键利润所在，下游牙医的手艺、医术等治疗环节才是产生价值、获取利润的核心要素。

综上所述，只有通过行业产业链分析和价值链分析，投资活动才能在行业预设的几个细分市场中寻找到最佳的着眼点。没有必要在上下游全产业链、全价值链进行撒网式的全面投资，而是占据核心、把握关键，只投资处于行业最为核心、最能创造利润环节的优势企业，以此以点带线，以点控面。

三、行业选择原则

面对着众多的行业及其内部的细分市场，选择投资切入点必须要有一些原则，否则就有"老虎吃天，无从下嘴"的感觉。如何进行有效的甄选？可以借鉴和依据以下几条原则。

1. 代表着未来发展的方向

投资不仅要总结历史，更要结合现在去思考未来，把握产业发展的趋势，顺势而为才能事半功倍，逆势而行则劳而无功。纵观中国的产业发展历程，20 世纪 80 年代至 90 年代前期，纺织服装、出口加工业、普通制造业是当时的先进生产力；20 世纪 90 年代后期至 2010 年前后，随着中国工业化、城市化的加速发展，房地产以及钢铁、水泥、有色金属、机械等重化工业快速兴起，成为 2008 年大牛市的"五朵金花"；2010 年之后，随着中国大规模工业化的基本结束，开始步入后工业化时代，钢铁、水泥、有色金属等重化工业成为"去产能"的对象，高新技术、互联网、生物医药、新型服务业成为新的经济增长点。

从投资的角度来看，采掘、纺织、房地产、冶金、石化等重化工行业基本属于过去式，只有周期性、波段性、短期性投资需求，而无战略性、长期性持有价值。高新技术、生物医药、新型服务业等代表着未来新经济、新产业发展趋势的战略性产业才是投资的热点。

2. 广阔的市场空间

什么是广阔的市场空间？没有统一的标准，起码要有千亿元以上的市场容量，甚至有万亿元以上的市场潜在需求量。处于一个狭窄市场行业的企业，即使发展得再好，一旦到了行业天花板，盈利速度和增长速度就会不可避免地降低，尽管企业资产质量相当优秀，经营基本面非常扎实，也只能是细分市场中的"小冠军"，成为"小河里面的大鱼"。

处于市场广阔的行业，企业持续增长的时间长、空间大，可以高速增长十几年或者更久的时间，其发展前景无疑更加美好。比如，新能源汽车大受资本市场追捧，除了传统汽车厂商大力开发新能源汽车之外，互联网企业、房地产企业纷纷跨界投入，其背后原因就在于汽车有着几万亿元以上的市场容量。

3. 较快的行业增速

较快的行业增速意味着市场旺盛的供需能力，不同的行业具有各自的行业增速。从股票投资角度来看，世界改变不了的消费行业、传统行业的年均增速不能低于10%，否则就不足以弥补资金成本和投资风险。改变世界的高新科技行业的年均增速起码要达到20%～30%，甚至更高的增长速度，否则其行业成长性就会受到质疑，就不足以弥补风险成本和机会成本。

4. 国家产业政策扶持

中国股市的特色是市场受政策因素影响较大，有无产业政策的支持，结果差距非常大。比如，新能源汽车行业这两年高速增长就与政策支持、财政补贴密不可分，正是有了政策扶持，这些企业才会快速成长，随之而来的是市值疯狂地上涨。反之，钢铁、煤炭、水泥等重化工业则是受政策制约或者是"去产能"的对象，行业发展速度受到较大影响；房地产行业在"房住不炒"的基本原则下，投资前景就比较有限。

除了产业政策扶持或限制之外，行业选择时还需要考虑政府价格管制的因素。比如，一些涉及国计民生、社会稳定、国防安全等因素的公用事业、粮油食品、交通运输、能源电力等行业，其利润增长空间就会受到较大制约，这类企业的股票就类似于高级债券。

5. 垄断性、寡头性行业

某些行业具有垄断性、寡头性的特征，具有门槛高、壁垒深、收益稳等优势，具有很强的提价能力、议价能力，构建起一道行业的"护城河"，获取超额利润。从投资的角度来看，垄断和寡头企业具有强大的吸引力。

垄断性主要来自技术专利、市场生态、客户黏性、消费习惯、品牌效应、市场渠道、资金壁垒、规模经济、政策特许、特殊资源等诸多因素。比如，消费类产品与品牌效应、消费习惯等因素紧密相关；互联网行业与市场生态、平台优势关系密切，具有"大树底下不长草"的垄断性；5G通信、半导体、人工智能等信息产业与技术研发能力息息相关；钢铁、有色、冶金、汽车等重化工业的竞争优势来源于资金壁垒、规模经济和市场渠道，属于越大越经济的行业；采掘业、农业得益于当地的矿产资源、气候资源等先天性资源条件；零售业、普通制造业、生活服务业则缺乏垄断性、寡头性，基本上处于自由竞争状态。

6. 投资高价值、稀缺性资源

无论是传统行业还是新兴产业，价值都不是平均分布，而是聚集在某些特定环节，这就需要从产业链上下游关系、资源稀缺性等方面深入挖掘。

第一，投资知识密集型环节。比如，在传统制造业中存在"微笑曲线"理论，上游的研发、设计，下游的品牌、渠道等知识密集型环节附加值高，中游制造环节附加值低；在生物医药行业普遍是上游研发制造环节利润高，下游销售环节利润低；半导体芯片属于标准的高科技行业，附加值主要集中在上游设计和中游制造环节，下游封装、测试环节技术含量较低，随之而来的附加值也相对较低。

可以清晰地看到，在知识经济时代，知识与价值成正比，知识作为财富创造的重要驱动因素，是核心的稀缺性资源，哪个环节知识密集度高，哪个环节附加值就高。

第二，投资稀缺性资源。稀缺性资源是指高价值的、难以再生、很难复制、需求极大、供给受限的资源，即通俗所说的花钱也很难买得到的东西，投资就是要投这些稀缺性资源。比如，人们对健康、长寿、美丽的追求永无止境，某些核心医药产品、保健产品就成为稀缺性资源。

以上内容介绍了宏观经济的发展趋势以及中观行业赛道选择的相关原则、策略和方法，以下部分就要结合一些行业的板块分布，进入更深层面的分析，以此在相关行业领域寻找相应的投资机会。

四、高新技术领域

当前中国基本完成工业化、城市化，步入后工业化时代，以高新技术、新型服务业为代表的新兴产业正在替代传统产业，成为新的经济增长点。新材料、新能源、5G 通信、大数据、人工智能、智能制造、物联网、节能环保等高新技术领域既是推动未来经济增长最核心的驱动因素，也是成长速度最为迅速的领域，更是最为投资者普遍青睐的对象。

（一）行业特征描述

1. 高投入性

高新技术产业具有知识密集型特征，有些行业或某些环节同时也具有资金密集型特点，这就意味着要投入大量的资金用于产品研发、试验、生产以及推广等各个阶段，具体的资金需求量取决于技术复杂程度与涉及范围。因此，高新技术企业只有具备较强的研发资金投入能力，才能在激烈的市场竞争中求得生存以及未来的长远发展。

2. 高创新性

创新是时代发展的一个永恒主题，高新技术企业的发展更是如此，技术创新是促进企业迅速发展的强大动力来源。由于高新技术产品本身具有生命周期短、未来难以预知、时效性强以及更新速度快等特征，企业必须不断加强产品创新，满足市场在不同时期提出的全新需求，获得长足发展。

3. 高成长性

受到特许经营、专利保护、技术优势和生产诀窍等多种因素的共同作用，高新技术企业可以借助产品的优势与特性，快速提升自身的市场竞争力及市场地位。不出几年，企业的市值、产值、利润等指标就可以增加几倍、几十倍甚至几百倍，成为饱受各路投资资本青睐的对象。

4. 高收益性和高风险性

高新技术企业凭借产品、技术的创新性可以为企业带来巨大的利润，甚至在特定时间会形成垄断局面，通过产品的高附加值获取高额收益，促进企业的快速成长。高收益永远伴随高风险，如果企业错判了技术发展路线，高估了市场需求，或者过早地步入市场，前期巨额的研发投入完全有可能打水漂，造成不可挽回的损失，不幸从先驱变成先烈。

（二）相关板块勾画

高新技术领域是个笼统的概念，其中由多个行业板块组成，有必要分行业简要分析，勾画出各个行业的大致轮廓，揭示价值最为丰厚的环节，发现其中的投资机会。

1. 5G 通信

5G 是指第五代移动通信技术，最大的特点是信息传输速度快，理论上是当前 4G 传输速度的百倍以上。以前有句话叫"要想富，先修路"，修的是公路、铁路，搞的是"三通一平"。5G 就是当代的信息高速通路，在 5G 的基础上，万物互联才能形成，才会有物联网、自动驾驶、大数据等新型业态，全移动、全连接的数字化社会才有望形成。正是由于这个原因，5G 通信成为世界各国抢占信息化、数字化技术的制高点。

从发展阶段来看，5G 通信可以分成建设期、运营期和应用期三个阶段，有着各自的特征和任务。

第一阶段是建设期。它具体涉及六个部分：一是天线设备，包括基站天线、射频天线和光通信模块；二是基站设备；三是小型基站；四是传输设备，包括光通信模块、光纤、光缆、软件定义网络（SDN）、网络功能虚拟化设备（NFV）；五是通信设备；六是网络工程建设。

第二阶段是运营期。它的主要任务是网络的优化及运营，具体涉及中国移动、中国电信、中国联通等移动通信运营商服务水平。

第三阶段是应用期。这主要涉及终端设备、5G手机，以及物联网、车联网、云服务、智慧交通、智慧城市等各种应用场景。

从当前情况来看，5G通信处于建设期，无论是5G的基础建设，还是4G的升级改造，小型基站、射频天线、光通信模块、光纤、光缆等都要先行投入，这类产品不可或缺，技术又相对成熟，最有可能快速成长，而某些应用场景的大规模推广使用还尚需时日。

2. 大数据、云服务

大数据是建设未来数字化社会的原材料，市场潜在规模巨大，云服务是未来信息和数据应用服务的重要商业模式，近年来发展迅猛。2020年全球云服务市场规模达到3050亿美元，同比增长18%，其中国内市场达到2828亿元，同比增长35.4%，预计未来5年云服务市场的复合增长率有望达到29%，阿里巴巴、腾讯、百度、华为等大型互联网企业、IT企业正在投入巨资进行布局。

从产业链角度来看，该行业大致可以分成三块：一是上游的数据来源，政府、BAT、电信运营商、大型IT企业、专业网站是主要的数据来源。二是中游的数据管理分析，包括数据分析、存储、加密、传输等环节，其中存储是支撑，涉及存储芯片、硬盘、服务器等存储设备；安全是保障，涉及各种加密软件；分析是核心，涉及各种算法软件。三是下游的数据应用，这是价值实现的环节，应用于各个领域，比如今日头条就是大数据在媒体行业的应用，消费产品精准推送就是大数据在电子商务领域的应用。

从市场发展趋势来看，将主要出现几个特点：一是数据来源、分析、处理、加密等环节往往会由同一企业完成，向相关用户企业提供信息、数据和应用服务，收取相应的服务费用，这种商业模式将是未来发展的方向。二是该行业在国内尚处于起步阶段和成长阶段，存在着法律规范性、数据安全性、网络稳定性等诸多现实问题，离大规模商业化应用尚有距离。三是形成数据平台与专业服务企业相结合的市场格局，一些具有数据来源和处理能力的大型互联网企业、IT企业有望成为数据平台，而在医药、建筑、交通、财务、营销、人力资源等各种应用领域，将涌现专业化云服务企业，两者类似于当前阿里巴巴、腾讯、百度与各种应用性App的关系，未来在数据平台和专业服务领域将会出现垄断或寡头格局。

从投资的角度来看，大数据、云服务是数字化发展的必然趋势，但当前投资标的很难确定，哪些企业将在竞争中胜出，成为数据平台或专业服务领域的王者，只能让时间来检验。

3. 人工智能

人工智能（Artificial Intelligence），英文缩写为AI，被认为是21世纪三大尖端技术（基因工程、纳米科学、人工智能）之一，国内外的科技巨头、互联网巨头均在布局人工智能产业链，在未来几年市场有望出现爆发式增长。从基本结构分析，人工智能大体上可以分成基础层、技术层和应用层三个层面。

（1）基础层

基础层包括算力（硬件）、算法（软件）和数据库。算力是人工智能的物质基础，信息获取需要各类传感器，数据计算需要CPU，图像处理需要GPU，信息存储需要存储芯片、硬盘、服务器，信息传输需要5G通信、光模块、宽带，归根结底就是需要各种半导体芯片、传感器、电子元器件等。算力在人工智能中的作用就类似于人体中的大脑，正是有了大脑这个发达的物质基础，人才能具备思维、计算、逻辑推理、制造工具等能力。

算法表现为各种应用性软件、App程序等，让机器像人那样识别事物，展开逻辑推理，涉及微积分、概率论、统计学、模糊数学、离散数学、机器学习算法、神经网络算法等高等数学理论和方法。算法在人工智能中的作用如同人类的语言、分析、推理、逻辑等要素，如果缺少这些要素，人类就无法开展生产、工作和交流。

数据库是人工智能的信息来源，运用算力与算法，将大量非结构化的、散点状的数据加工和处理成有用的信息，运用不同的数据库将输出迥异的信息结果。数据库在人工智能中的作用如同资料库、图书馆，进而拓展到人的知识水平、学习成果、经验积累等认知范围，直接决定了决策的水平、质量和结果。

（2）技术层

技术层包括计算机视觉、语音处理、自然语言处理、规划决策系统、大数据分析等，涉及图像处理、视频识别、语音识别、语义理解、机器翻译、知识图谱等方面的技术。通俗而言，技术层只能赋予机器准确完成人类最基本的"看、听、说、写"的能力，而不可能模仿人类所具有的创造力、同理心、灵巧性和情感性。

计算机视觉用来解决机器"看"的能力，从图像中识别出物体、场景和活动，包含图像处理、识别检测、分析理解等技术。语音处理用来让机器具备"听"和"说"的能力，实现无障碍的人机交流。自然语言处理针对机器"听"与"写"的能力，与语音处理有一部分重叠性，涉及知识的获取与表达、自然语言理解、自然语言生成等几个核心环节，2023 年春节之后非常热门的 ChatGPT 就是自然语言处理的一个技术分支。大数据统计分析可以根据以往的交易、销售等行为数据自动实现引擎推荐、实施交易等行为。

（3）应用层

应用层就是"人工智能+相关行业"，包括人脸识别、指纹识别、无人机、无人驾驶、智能音箱、智能医疗、虚拟现实、自动股票交易等技术性应用。

比如，在金融领域有人脸识别身份验证、电子商务领域的商品拍照搜索、医疗领域的智能影像诊断、机器人/无人车上的视觉输入系统等；在客户服务领域，客服机器人、虚拟助理、语音助手可以部分取代传统的人工客服，回答一些常见的问题；在文件处理方面，语言搜索引擎、机器翻译、文稿编辑、办公智能秘书等功能可以提升办公效率，降低工作强度；在电子商务领域，人工智能算法可以实现商品精准推送，在结账时向客户提供相关的附加建议；在股票交易领域，人工智能可以实现自动盯盘，根据预先设定的条件自动完成股票交易。

4. 互联网

互联网行业主要有两大类型：一是综合性门户网站、社交网站等纯粹互联网企业；二是各种形式的"互联网+传统产业"，比如互联网加娱乐、旅游、购物、送餐、医疗、教育等，已经改变了人们的生产、生活、消费模式。

互联网具有几大特征：一是固定投资成本高而边际传输成本极低，规模效应十分显著；二是具有平台的生态垄断性，属于"大树底下不长草"的行业，除非出现足以颠覆现有模式的新技术、新模式，否则很难动摇现有互联网企业的优势；三是用户的黏性极强，一旦形成消费习惯则很难改变；四是产业链较短，主要依靠软件技术能力，受上下游不确定因素和风险的干扰较少。

基于互联网的几大特征，从投资角度来看有几大途径：一是投资互联网企业本身，那就是"买大不买小、买旧不买新、买垄断不买竞争"；二是投资"互联网+传统产业"的新型模式，获得通过商业模式升级导致市场结构变化带来的利润；三是要密切关注政府反垄断政策对于行业龙头企业的影响。凡是涉及金融、公共传媒、关键民生领域的资本的无序扩张，可能会触及政府的底线，受到反垄断法的制裁。

5. 物联网

物联网是实现人与物、物与物相连接的互联网，通过信息和计算创造一个万物互联的世界。当前已从最初的导入期发展到成长期的早期阶段，离大规模的应用场景尚有距离。

在产业链结构方面，物联网可以分成感知层、网络层、平台层、应用层四个部分。感知层负责信息的获取，包括二维码、电子标签（RFID）、传感器、摄像头等，这个层面技术基本成熟。网络层把感知层获取的数据传输到应用层，低功率的广域物联网（LPWAN）是未来的方向。平台层位于物联网的枢纽，处于中央地位，汇集信息流。应用层就是下游的各种数据应用领域，比如智慧城市、智慧物流、智慧农业、工业互联网、车联网等。

物联网有三条投资主线：一是网络层，万物相连首先是网络连接，然后才会有其他应用，低功率的广域物联网（LPWAN）是未来投资方向。二是平台层，处于中央枢纽地位，未来的趋势是"终端+平台+解决方案"这种形式，连接管理平台（CMP）最有价值。三是应用层，工业互联网、车联网应用场景有望率先落地，而智慧城市、智慧物流、智慧农业等多种智慧性应用还尚需时日。

6. 半导体

半导体作为产业数字化、智能化、信息化升级的物质基础，产品被普遍应用于计算机、网络通信、汽车电子、消费类电子、工业自动化、政府及军工等下游领域，其中计算机、通信所占市场份额位居前两位，汽车电子市场增速最快。

半导体从产品类型方面可分成四大领域，市场销售额从大到小依次为集成电路、光电器件、分立器件和传感器，其中集成电路在半导体总体市场份额中占比80%以上，占据了半导体产品的核心地位。见图6-3。

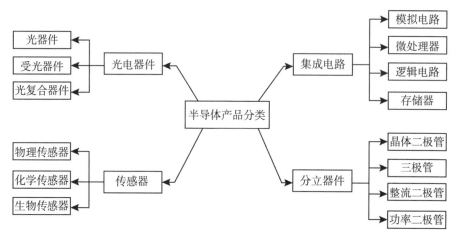

图6-3 半导体主要产品类型

（1）集成电路

集成电路（Integrated Circuit，简称IC）俗称为芯片，按市场份额从高到低依次可以分为逻辑芯片、存储芯片、微控制器和模拟电路，共同构成芯片的四大重点细分领域。

第一，逻辑芯片。逻辑芯片主要用作计算分析，与人体的大脑类似，承担逻辑推理和计算功能。2021年的行业数据显示，逻辑芯片产值占据集成电路总产值的34%，同比增长20.8%，称得上是集成电路中份额最大的板块。常见的逻辑芯片有CPU、GPU、FPGA等芯片，其中CPU是逻辑芯片中技术含量最高、价值量最大的芯片，因其研发门槛高、生态构建难被认为是集成电路产业中的"珠穆朗玛峰"；GPU用于图像处理，主要用于绘图和游戏；FPGA拥有软件的可编程性和灵活性，可通过软件重新配置芯片内部的资源来实现不同功能。

第二，存储芯片。存储芯片主要是用于数据存储，与人体的大脑皮层类似，承担存储功能。根据 2021 年的行业数据，存储芯片占据集成电路 33% 的产值，同比增长 18.7%，稳居集成电路的第二大市场份额。常见的存储芯片有 DRAM 和 NAND FLASH 两大类型，前者主要应用于电脑和服务器，占据 56% 的市场份额；后者主要应用于固态硬盘、U 盘、手机、平板电脑及其他便携式设备，占据 41% 的市场份额；两者占据 97% 的市场份额，构成了存储芯片的主体。

第三，微控制器（MCU）。微控制器将计算机的 CPU、RAM、ROM 和多种 I/O 接口集成在一块 MCU 芯片上，形成芯片级的计算机，因此又名单片机。MCU 最主要的下游客户就是汽车，随着汽车电动化、智能化水平的提升，电池管理系统、驾驶信息系统、自动泊车、先进巡航控制、防撞系统等智能化升级都会大幅增加 MCU 芯片的市场需求。2021 年全球微控制器占集成电路产值的 17%，稳据集成电路的第三大市场份额。

第四，模拟芯片。模拟芯片主要用于电源管理、信号放大、线性稳压、杂波过滤等功能，常见的有电源芯片、射频芯片、信号连接器、数模转换器等产品类型，产品几乎存在于所有电子产品。2021 年全球模拟芯片占集成电路产值的 16%，同比增长 19.2%，位居集成电路的第四大市场份额。

中国芯片行业起步晚、实力弱，与世界先进水平相比存在较大差距。作为全球最大的半导体市场，中国芯片对外依存度很高，需求量占全球的 50% 以上，有些芯片甚至占 70%~80%，而整体国产自给率只有 30% 左右。中兴、华为被制裁事件暴露出我国缺芯、核心技术受制于人的尴尬，国家将半导体芯片列为战略性产业，出台一系列优惠政策给予大力扶持，急切地希望国内企业能在该领域取得重大突破，实现国产替代。

（2）光电器件

光电器件类似于人体的神经系统，承担数据信号的传输功能。光通信产业链从上游到下游大体上可以分为"光电芯片—光器件—光模块—光通信设备"等核心环节以及光线缆等配套环节。

第一，光电芯片。光电芯片包括光芯片和电芯片两类，是光通信产业链中技术壁垒最高的环节。光芯片作为光模块最核心的功能芯片，在光模块中的成本占比一般在 40%~60%；电芯片即集成电路，在光模块中的成本占比一般在 10%~30%；两者合计占光模块总成本的比重为 70%~80%。我国对光电芯片的进口依赖度较高，特别是高端芯片市场几乎被国外厂商垄断。

第二，光器件。光器件是光通信系统的核心组件，可分为有源器件和无源器件。有源器件主要实现光信号的发射、接收和光电信号的转化等功能，是光器件最主要的组成部分，国内有源器件竞争力偏弱，特别在中高速产品上缺乏竞争力。无源器件种类多，单体价值小，技术要求低，发挥辅助作用，国内的部分无源器件已经达到了国际先进水平。

第三，光模块。光模块主要应用于电信市场和数据通信市场，当前 100G、200G 和 400G 传输技术的光模块占据市场份额的 90% 以上。随着传输速度的代际升级，800G 光模块将成为未来主要发展方向。国内厂商已经在全球光模块市场处于领先地位，并在 800G 技术领域取得了先发优势。

第四，光通信设备。光通信设备可分为传输设备、路由器、交换机等，该领域已经处于成熟期，市场集中度较高，呈寡头竞争格局，中国厂商占据全球市场约 26% 的份额，具备较强竞争力。

从市场规模来看，光通信产业链各个环节中市场规模由大到小依次为光通信设备、光线缆、光模块、光器件、光电芯片。

从盈利能力来看，与市场规模正好相反，利润率水平由高到低依次为上游的光电芯片、光器件，中游的光模块，以及下游的光线缆和光通信设备。

从技术含量来看，上游光器件的技术要求最高，特别是其中的光电芯片是整个产业链中技术门槛最高的环节，也是盈利能力最强的环节；光模块和光通信设备的技术要求中等，而下游光线缆的技术要求最低。

从竞争环境来看，上游光电芯片环节的参与厂商少，竞争小；光器件环节的参与者较少，竞争相对较小；中游光模块环节参与厂商众多，竞争激烈；下游光通信设备环节相对成熟，已经呈现寡头竞争格局。

从投资价值来看，可从几个角度寻找投资机会：一是光电芯片企业，这个领域技术壁垒强，供应商少，盈利能力强，进口替代的空间巨大；二是光器件厂商，包括有源器件和无源器件市场的龙头企业；三是高端光模块厂商，特别是拥有 800G 传输技术的企业。

（3）分立器件

分立器件又称为功率半导体，可分为功率器件和功率 IC。功率器件又包含二极管、晶体管和晶闸管，晶体管作为电子电路的核心元件，根据应用领域和制程技术可以划分为绝缘栅双极型晶体管（IGBT）、MOSFET 和双极型晶体管等。其中，IGBT 结合了 MOSFET 与二极管的双重优点，能够适应"高电压＋中频率"的工作环境，被称为电力电子行业的 CPU。功率 IC 是将控制电路和大功率器件集成在同一片芯片上的集成电路，广泛应用于计算机、网络通信、消费电子和工业控制等领域。

分立器件适用于电流、电压频繁大幅波动的电能转换的工作环境，在电子电路中能够实现功率转换、功率开关、功率放大、线路保护和整流等功能，是实现电能转换与电路控制不可或缺的电子器件。它的下游主要应用于 5G 通信、新能源汽车、可再生能源发电、逆变器、变频家电等新兴领域，尤其在新能源汽车、光伏、风电、储能等领域应用空间巨大。

与集成电路相比，分立器件构造相对简单，标准化程度高，发展较为成熟，迭代速度较慢，市场竞争格局较为分散。当前，全球排名前十的分立器件企业来自美国、欧洲和日本，市场占有率 60% 以上，国内分立器件的市场自给率偏低，特别是中高端功率 MOSFET 和 IGBT 自给率不足 10%，国产替代空间相当巨大。

（4）传感器

传感器具备信息的采集、处理和交换能力，是人工智能、物联网、智能制造的基础性元器件，类似于人体的五官承担感知功能，通过视觉、听觉、味觉、触觉、嗅觉等功能感知外部世界。当前，传感器的国产化程度整体偏低，主要面向中低端市场，欧洲、美国、日本几乎垄断了高精尖市场。

从产品种类来看，传感器包括毫米波雷达、激光测距仪、压力传感器、温度传感器、CMOS 图像传感器、MEMS 传感器等多种类型。其中，CMOS 图像传感器是当前最主要的智能传感器，占据人工视觉市场 40% 以上的份额，MEMS 传感器则代表着智能传感器向集成化、微型化发展的方向。

从下游行业应用来看，消费电子是智能传感器规模最大的应用市场，占据约 2/3 的市场份额，其次才是汽车电子和工业电子。随着物联网、智能化、信息化的发展，传感器面临着两大发展机遇：一是进口替代。传感器对于制程技术要求不高，40 纳米以下的成熟工艺基本能够满足需求，国内厂商所面临的技术瓶颈较小。二是汽车智能化发展趋势。随着汽车自动驾驶等级的提升，对信息感知能力的要求越来越高，继消费电子之后，汽车有望成为第二个主要应用领域。

（5）产业链特征及价值分布

全球半导体产业链包括设计、制造、封测三大核心环节，以及基础技术研发、制造设备、半导体材料三大支撑环节。与美国、欧洲、日本等先进国家和地区相比，中国大陆虽然在技术先进性方面相对落后，但却拥有设计、制造、设备、封测、材料全产业链环节，同时也是全球最大的半导体市场。

从产业链各个环节的产值规模来看，芯片设计约占40%的份额，制造约占30%的份额，封装测试约占15%的份额，设备约占10%的份额，材料约占5%的份额。产业链的价值分布从高到低依次为"设计—制造—设备—封测—材料"，无论是产值规模还是利润率，设计和制造两大环节都占据了主导地位，以下将对产业链的各个环节进行简要阐述。

第一，EDA是集成电路设计所必需的、最重要的软件工具，占据着最上游、最高端的地位，行业内普遍将EDA软件称为"芯片之母"，如果用建筑业作类比，相当于设计房屋用的设计软件。

EDA市场存在高度垄断性，核心厂商只有美国的新思科技（Synopsys）、楷登科技（Cadence）及德国的明导国际（Mentor Graphics），占据了国内95%、全球65%的市场份额，能够给客户提供完整的技术解决方案。国内EDA企业以华大九天规模最大、水平最高，但市场的垄断、技术的封锁、行业生态壁垒使得国内EDA企业举步维艰，即使国内企业能够研发出全套的EDA软件，短期内也难以与国外三巨头相抗衡。

第二，上游的芯片设计环节具有轻资产和知识密集型特点，美国在该环节遥遥领先，英特尔、英伟达、高通、美光、德州仪器、AMD等世界著名的芯片公司都是设计企业，中国技术水平相对落后，海思、紫光是国内的行业领先者。

第三，中游的芯片制造环节又叫晶圆制造，具有资金密集型和知识密集型双重特点，主要由中国台湾和韩国主导。芯片尺寸越小，技术要求越高，价值含量越大，当前业内普遍以28纳米作为分界线，低于28纳米称为先进制程，高于28纳米称为成熟制程。在芯片制造环节，2021年全球市场占有率从高到低排列前五位的企业分别为台积电、三星、格罗方德（Global Foundry）、联华电子

（UMC）和中芯国际，其中台积电公司独占鳌头，拥有全球近 56% 的市场占有率，三星占有全球约 17% 的市场份额，中芯国际只占据全球 4.3% 的市场份额。国内芯片制造以中芯国际为最高水平，但与台积电相比，无论是在制程技术，还是在市场份额方面均有较大的差距。

第四，下游的封装测试具有资金密集型和劳动密集型双重特点，技术门槛相对较低需要通过不断加大投资来提高规模效益。全球主要的半导体封测企业集中在中国大陆和台湾地区，受益于中国大陆"工程师红利"和较低的人工成本，国内企业占据全球 55% 左右的市场份额，长电科技、通富微电、华天科技等企业具备全球竞争优势。

封装测试环节具有几项特点：一是市场增速很快，企业营业收入和利润年均复合增长率普遍在 15%～20%；二是技术水平和附加值相对较低，毛利率一般在 20% 左右，净利润率普遍不到 10%；三是重资产投入，企业资产负债率普遍在 50% 以上，一旦市场趋于饱和，很容易发生价格战，导致行业性亏损。

第五，半导体设备制造具有技术密集型特点，大致分成 50 多种机型，其中光刻机、薄膜沉积机、刻蚀机、离子注入机作为最为核心、不可或缺的设备，分别占据 19%、19%、18% 和 9% 的市场份额。2021 年行业统计数据显示，半导体设备 85% 的全球市场份额由美国、日本、欧洲企业所垄断，分别占据 50.9%、24.3% 和 23.1% 的市场比重，国内厂商仅占有 1.8% 的市场份额，饱受国外出口管制的"卡脖子"之苦。

半导体设备虽然市场规模较大，但细分市场比较分散，产品类型多，技术门槛高，技术路线差距大。在市场需求、进口替代、产业自主可控等多重因素的驱动下，北方华创、芯源微、中微电子、华峰测控等国内半导体设备企业正在各自的细分市场快速成长。

第六，半导体材料产业具有资本密集型和技术密集型双重特点，材料种类繁多、细分市场较为分散，涉及单晶硅、碳化硅、光刻胶、电子特气、光掩膜、溅射靶材等高纯度原材料。其中，硅片是半导体材料最大细分市场，在晶圆制造材料市场中占比为 38%；电子特气、光掩膜分别为第二、第三大材料市场，占比均约为 13%；抛光材料、光刻胶及辅助材料、清洗剂、溅射靶材等材料占比均在 2%～7%。在高端半导体材料领域，日本处于领先地位，国内处于起步阶段，正在实施国产替代且市场空间较大。

（6）周期性特征

市场普遍认为半导体是一个成长性行业，但事实上是一个"周期+成长"的行业，周期性波动的特征非常显著，表现为一个朱格拉周期与三个基钦周期相互衔接的态势。一个朱格拉周期10年左右，其波动源于技术进步、产品迭代和应用升级。一个基钦周期4年左右，上行期、下行期各1.5~2.5年，其波动源于产品库存、产能增减和供需错配，正是这种"需求旺盛—产能扩张—需求下行—库存堆积—产能去化"的经营行为，带来阶段性市场供需错配，决定了价格波动的方向，库存去化放大价格波动幅度，从而形成典型的半导体产业周期。

7. 3D 打印

3D 打印是当前一个热门的细分行业，从产业链上下游结构来看，上游主要是包括金属和非金属在内的 3D 打印材料，约占市场规模的 24%。中游为 3D 打印设备与服务厂商，其中打印设备是最大的细分市场，市场规模占比约为 44%，但这个环节进口依存度较高，核心零部件被欧美企业垄断；打印服务需要面向客户提供定制化服务，具备唯一适配性，市场规模占比约为 32%。下游应用主要集中于工业设计、民用消费、航天军工三大领域。

与传统的制造方式相比，3D 打印具有去模具、减废料、降库存等优势，能够生产小批量、多规格、结构复杂，并且采用传统的模具建造、机械加工等方式很难制造的结构件；3D 打印的劣势表现为产品结构强度较弱，制造效率低，单位制造成本高，缺乏规模经济效应，不具备量产化优势。

从市场应用来看，3D 打印明显适用于制造那些个性化需求强烈、生产数量稀少、几何结构复杂、强度要求不高、追求效果不计成本的物件，比如工业样品、人造器官、航空航天部件、军品结构件等。从其自身特点出发，3D 打印属于小众化应用技术，可以作为传统制造业的补充，但不可能成为主流制造方式。

8. 新材料

新材料范围十分广泛，大致可以分成先进基础材料、关键战略材料、前沿新材料三大类，每一大类里面又包含具体的细分领域材料。

第一类是先进基础材料，主要包括钢铁、有色、石化、建材、轻工、纺织等基础材料中的高端产品，具有一些特殊性能，适用于一些特殊领域。

第二类是关键战略材料，主要包括高端装备用特种合金、高性能分离膜、高性能纤维、新能源材料、电子陶瓷、人工晶体、生物医用材料、稀土功能材料、先进半导体材料、新型显示材料等高性能材料。

第三类是前沿新材料，主要包括3D打印材料、超导材料、智能仿生材料、石墨烯、液态金属等材料。

新材料产业具有战略特征强、技术含量高、增长速度快、生命周期长等特点，是体现国家实力的全球性竞争产业，是未来经济发展的基石。从行业增长速度来看，年均复合增速普遍在20%以上；从结构来看，2021年全球先进基础材料产值占比约49%，关键战略材料产值占比约43%，前沿材料产值占比约8%，行业的增长潜能相当可观。

从投资角度来看，先进基础材料、关键战略材料应用前景广泛，市场容量大，技术相对成熟，产业化进程较快，投资价值相对较高；对于前沿新材料，可以先行关注和观察。

9. 新能源

新能源一般是指替代煤炭、石油等传统化石能源的绿色、环保、可再生的新型清洁能源，可以分成太阳能、地热能、风能、潮汐能、生物质能、页岩气、可燃冰、锂电池、氢能、核能等多种类型。基本的实施途径就是以电代油、以气代煤、以电代煤，以其他可再生清洁能源代煤、代油。

新能源具有几项特点：一是关系到国家的能源安全，受到政府的高度重视；二是产业发展与国家的政策扶持和财政补贴关联度较大；三是重资产投入，固定成本高，可变成本低，长期收益比较稳定；四是技术要求比较高；五是在当前能源体系中处于从属地位，仍是传统能源的补充，但发展空间广、后劲足、潜力大。

从投资角度来看，水电、核能股票可以作为高级债券看待，国内的页岩气、可燃冰、氢能应用技术尚不成熟或市场配套缺失，资本炒作成分大于产业化应用，适合长期跟踪和观察。新能源投资重点在于锂电池（含储能电池）、光伏、风电，由于锂电池会在新能源汽车篇幅中展开介绍，因此以下只针对光伏和风电领域进行简要阐述。

（1）光伏

从产业链角度来看，光伏的上游主要是硅片，可以分为单晶硅片、多晶硅片和非晶硅薄膜，其中单晶硅片凭借最高的光电转换效率成为主流产品；中游为光伏组件，由光伏电池板（约占组件成本的70%）和玻璃、胶膜、背板等一系列辅件组成；下游是光伏发电运营商。

在上游的硅片环节，硅片产品同质化明显，竞争核心在于成本控制。硅片成本可以分为硅成本与非硅成本，硅成本约占80%且价格趋同，所以硅片厂商成本控制的重心在于成本占比约20%的非硅成本，其中又由制造工艺中65%的拉棒成本和35%的切片成本构成。

在中游的组件环节，光伏组件作为太阳能发电的物质基础，是产业链最为重要的环节。企业竞争重点在于综合能力和品牌效应的比拼，行业的竞争格局和头部企业的市场占有率相对稳定。

在市场空间方面，上游硅片制造市场相对最小，中游的光伏组件次之，下游光伏发电市场的空间最大。在盈利能力方面，上游硅片的价格和盈利波动起伏较大；中游组件通过涵盖硅片、电池板、其他配件等一体化经营模式之后，净利润率大致稳定在13%~18%；下游光伏发电环节的特点是固定成本高而变动成本低，虽然毛利率很高，但净利润率一般不超过5%。

从投资角度来看，光伏行业投资的重点在于中游的组件环节，行业内纵向一体化程度较高、兼具成本控制与供应链管理优势的龙头企业具有显著投资价值。

（2）风电

风力发电是将风能转化成电能的过程。风力发电机的发展趋势是大型化和轻量化，带来初始投资成本的下降和运营效率的提升。当前，陆上风电的经济性远高于海上风电。

风电产业链由三部分组成，即上游原材料及零部件制造，中游的风机总装，以及下游风电发电站的运营，价值分布偏向于下游运营环节。具体而言，上游零部件制造环节包含叶片、轴承、齿轮箱、发电机、逆变器、电缆等主要零部件，其中叶片、齿轮箱、发电机这三大件占据风机制造成本的45%左右，毛利率一般在 20%~30%；中游整机制造及配套环节包含风机塔筒、整机装配、安装调试等主要事项，毛利率普遍不到 20%；下游风电运营环节即电站发电运营，毛利率普遍在 50% 以上。

总体而言，风电属于传统的电气行业，技术比较成熟，并没有太多的技术壁垒，竞争优势来源于规模效应、精益生产、工艺改进、纵向一体化等渐进式优化方式，其投资价值理论上低于光伏。

10. 新能源汽车

在政策扶持、财政补贴、市场拉动等多重因素拉动下，中国新能源汽车近几年来快速发展，年均增速在 30% 以上，已经成为全球最大的新能源汽车生产国，拥有全球最大的保有量。

与传统燃油汽车相比，新能源汽车最显著的特点在于用电力替代燃油，随之而来的是动力系统、传输系统发生了根本性变化。新能源汽车的战略性意义不仅在于节能环保和能源安全，更是成为未来汽车智能化、自动驾驶的基础。

新能源汽车在动力方面大致可以分成锂动力电池和氢燃料电池两大类型，前者适用于乘用车，后者适用于长途重载商用车。尽管氢能是汽车能源的终极解决方案，但由于氢燃料电池在制造成本、氢能来源、运输、储备、安全、加氢站配套等方面存在技术瓶颈和设施短板，短期内难以大规模商业化应用，因此将分析重点放在锂动力电池汽车方面。

从产业链结构来看，新能源汽车由下游的整车厂，中游的锂动力电池厂、驱动电机、电控，上游的正极、负极、隔膜、电解液等电池材料厂，以及更上游的锂、钴、镍等矿产资源组成，中游的锂动力电池厂占据产业链的主导地位。全球产业链主要分布在中国、日本、韩国三个国家，日本技术最先进，中国成本最低廉，韩国夹在中间兼而有之，欧美国家重建完整产业链的难度较大，东南亚、非洲、拉美、澳大利亚等国家和地区是矿产资源的主要供应地。

从市场竞争格局来看，出现两超多强的市场格局，中国的宁德时代、韩国LG 化学实力最强，松下、比亚迪、三星 SKI 等企业紧随其后。

从技术路线来看，高镍三元正极加硅碳负极的路线强调高能量密度，磷酸铁锂正极加石墨负极的路线着重于低成本、安全性、稳定性，固态动力电池是未来发展方向，但距离大规模商业化应用尚需时日。

从行业特征来看，具有几项特点：一是行业处于成长期，市场增长速度很快，有着万亿元以上的市场空间。二是重资产投入，行业寡头的平均资产负债率普遍在50%以上。三是行业的资产回报表现并不突出，净资产回报率和净利润率一般在10%左右。四是虽然行业资源呈现向头部企业集中的趋势，但行业不具备赢家通吃的垄断性，无论是下游的整车厂、中游的电池厂，还是上游的正极、负极、隔膜、电解液等材料领域，都有着各自的寡头企业。五是受政策扶持和财政补贴的影响较大，近年来政策性因素的影响力正在趋向弱化，市场化因素正在不断增强，并且成为促进行业成长的主导因素，两者之间呈现此消彼长的局面。

从投资角度来看，锂动力电池及其相关材料研发和制造是产业链的核心，具有技术壁垒高、市场需求大、增长速度快等特点，该领域内的龙头企业具有较大的投资价值。

11. 数控机床

中国是世界上最大的工业机床生产国和消费国，2020年机床产销量约占全球的1/4。国内机床制造行业"大而不强"，产品主要集中在中低端领域，产能过剩，竞争激烈；高端数控机床难以满足需求，国产化率不足10%，市场几乎完全被德国、日本企业占据。

从产业链结构来看，数控机床产业链上游为零部件供应厂商，主要涉及机床主体、传动系统、数控系统三大子系统。中游主要参与者为机床的集成制造商，下游为机床的应用领域，其中汽车行业是最重要的应用领域，其次为通用机械和3C类电子行业，三大行业合计占比约75%。

从机床的成本结构来看，机床主体包括床身及底座铸件、主轴及变速箱、导轨及滑台等结构件，约占机床总成本的40%。传动系统包括刀具、传动机械和以液压系统为主的辅助动力系统，约占机床总成本的22%。数控系统占机床总成本的比重约为34%，是三大子系统中技术含量最高的环节，其中控制系统成本占比为21%，驱动系统成本占比约为13%。

从产品用途分类来看，金属加工机床占据整机市场的主流地位。其中车床、铣床、钻床、镗床、磨床等金属切削机床约占据2/3的市场份额，成为市场的主流；冲压、铸造等金属成形机床约占 1/3 的市场份额。进一步展开分析，铣床的市场规模最大，由于技术含量高，目前主要以国外品牌为主；车床和磨床应用广泛，适用于多种制造工艺，产品类型多，市场集中度较高；钻床市场规模较小但增长迅速，市场竞争比较激烈。

从发展趋势上看，国内机床行业"大而不强"的局面将持续改善。尤其是高档数控机床，作为国家的战略性行业，有望在政策扶持和市场需求共同拉动下，实现产品性能提升和迭代，减少进口依赖度，提高国产化水平。

12. 工业机器人

随着人口老龄化、劳动力成本不断攀升，以及技术的发展，机器人经济性日益凸显，机器换人已经成为重要的发展方向。

从应用场景来看，机器人划分为工业机器人、家庭服务机器人和专业服务机器人。家庭服务机器人类似于智能家电，专业服务机器人应用场景过于分散，工业机器人是该领域的重点对象，具有技术要求高、应用范围广、市场前景大、行业相对成熟等特点。

从市场发展前景来看，自 2013 年开始，中国已经成为全球工业机器人最大的应用市场和增量市场，年均复合增速为 28.7%，未来每年不少于 14 万台的市场增量需求，占到全球工业机器人总销量的 40% 左右，工业机器人下游最大的用户是汽车与 3C 行业，两者合计占比接近 60%。

从市场竞争格局来看，瑞典 ABB、德国库卡、日本发那科和安川是全球主要的工业机器人供应商，号称工业机器人"四大家族"，占据全球约 50% 及国内近 70% 的市场份额。国产工业机器人行业整体处于早期阶段，呈现出规模小、分布散、技术低、集中度低等特点，只占据国内 30% 左右市场份额，尚未形成寡头垄断的局面，这给市场进入者提供了良好的机会。

从产业链结构来看，工业机器人产业链分为上游的核心零部件、中游的整机制造和下游的系统集成三大环节。价值链类似微笑曲线，上游和下游附加值较高，中游利润率相对最低。

上游核心零部件环节包括控制器、伺服电机和减速器，占到整体制造成本的 60% 左右，占整个产业链营收规模的比重约为 30%，平均毛利率在 30%~40%，其中减速器、伺服电机、控制器毛利率分别约为 40%、35% 和 25%，在整个产业链环节中占据较高的地位。

控制器是工业机器人的"大脑"，对性能起着决定性的作用。伺服电机相当于"肌肉"，决定了工业机器人的力量，主要由松下、安川、三菱等国外企业主导。减速器作为工业机器人的"关节"，是最重要的基础部件，又可以分成 RV 减速器和谐波减速器，前者用于大力矩、重负荷，相当于人的胳膊，工艺要求更高；后者强调敏捷性、精密性，相当于人的手腕和手指，国产化率较高，两者配合使用，缺一不可。全球能够提供规模化且性能可靠的精密减速器生产商并不多，全球绝大多数市场份额被日本企业占据，日本纳博特斯克占据了全球 RV 减速器 60% 的市场份额，哈默纳科则占据全球谐波减速器约 15% 市场份额，包括"四大家族"在内的世界主流工业机器人制造商均使用这两家厂商的减速器。

中游本体制造环节主要由基座和手臂、腕部等执行机构构成，中游整机制造产值规模比重约占 25%，平均毛利率大约为 15%，成长空间狭窄，盈利水平较低，在产业链中处于最低水平。

下游系统集成环节负责二次应用开发，实现与周边自动化配套设备的集成，为终端客户提供应用解决方案。下游市场规模最大，约占整个工业机器人行业产值的 40%～50%，平均毛利率为 20%～25%，处于居中水平，国内厂商占据了 80% 的市场份额。系统集成的壁垒相对较低，市场竞争激烈，由于产品存在定制化和非标准性因素，很难形成规模效应。

从投资角度来看，上游核心零部件环节技术壁垒最高，进口替代空间大，利润最丰厚，经济效益最好；中游本体制造环节利润最低，发展空间狭窄，投资价值相对缺乏；下游集成环节的市场规模最大，增长速度最快，容易做大产值规模。从发展方向而言，上中下游纵向一体化将成为工业机器人行业发展的必然趋势。

13. 数字货币

数字货币又叫 DC/EP（Digital Currency and Electronic Payment），是具有价值特征的数字支付工具。数字货币作为以数字形式表现的法定货币，并没有改变货币的本质属性，只是传统铸币、纸币的数字化形式创新。

央行数字货币体系的核心要素主要是："一币、两库、三中心、四节点"。"一币"是指由央行负责数字货币本身的数据要素和数据结构，"两库"是指数字货币发行库和数字货币商业银行库，"三中心"指的是认证中心、登记中心、大数据分析中心，"四节点"是指中心管理系统、数字货币投放系统、额度控制系统、货币终端。

从产业链角度来看，数字货币包含上游（央行）、中游（商业银行、第三方支付机构）和下游（用户）三条线。在上游产业链中，数字货币研发、设计、加密、认证工作由央行负责。这项工作涉及政府的铸币权，属于绝对机密，央行只会让一些直属单位参与研发，即使让某些企业参与其中，其所涉及的空间也相当有限。在中游产业链中，为商业银行 IT 架构改造的企业带来的机遇，包括数字货币系统、核心业务系统等设备、设施的新设、改造、升级等。特别是那些农商行、城商行等小型商业银行数量众多、自身技术薄弱，有赖于外部企业的技术支撑，这些企业有望参与央行数字货币的运营和维护工作。在下游产业链中，主要涉及智能 POS 机、ATM 等支付终端的改造和升级，相应的硬件设备的生产、升级、维护企业，以及新增的硬件钱包建设、手机 App 钱包设计的相关企业将迎来新的商业机会。

从投资角度来看，由于数字货币的上游产业链由央行负责，只能考虑到中游的商业银行 IT 设施、硬件、软件，以及下游应用终端硬件、软件的调整和升级领域的龙头企业中去寻找投资机会。

14. 军工制造

军工制造涉及信息通信、有色金属、化工材料、机械制造等多个行业，与民用产品相比，军工产品具有几个鲜明特点：一是从行业驱动力来看，很大程度上取决于周边的安全局势，以及政府的国防政策。二是从市场规模来看，军工行业的最终用户是军队，市场规模相对有限。三是从行业结构来看，军工是一个不完全竞争的市场，基本处于寡头垄断状态，供应厂商数量有限，国企、央企占据主要地位，民企大多处于从属地位。四是从业务模式来看，军工行业进入壁垒和资质要求较高，业务相对比较稳定，军工产品的毛利率总体上比民用品高。

从产业上下游结构进行分析，上游环节一般是原材料、零配件、电子元器件等，受军工行业技术、资质等壁垒的制约，每个细分领域的主流供应商数量不多，呈现寡头竞争格局，同时上游产品用途广泛，能够向民用领域拓展，长期市场发展空间较大。中游环节一般是零部件、装备系统模块等，体制内供应商处于领先地位，长期需求稳定，短期需求可能因型号放量快速增长，部分产品能够向民用领域拓展。下游一般是总装厂，呈现垄断或寡头垄断格局，行业壁垒极高，多为国企、央企，几乎不可能有新厂商进入，唯一的客户就是军方，按照军方的列装计划生产交付，以销定产，很难向民用领域拓展。

从产业结构、竞争格局、业务模式、业务拓展空间等多角度分析，军工行业整体上越往下游环节计划属性越强，厂商的垄断地位越高，订单来源越稳定，业绩弹性越小。越往上游环节越市场化，军民两用的属性越强，业绩波动越大，具有核心技术优势的企业能够在细分领域占据垄断或寡头垄断地位，享有高盈利水平和长期成长性。对比上下游各个环节的特点，上游环节的发展空间更大。

15. 节能环保

节能环保是建设生态文明、环境友好型社会的重要内容，是实现"碳达峰、碳中和"目标的必经途径，是国家经济战略的重要组成部分。

节能环保作为一个笼统的概念，具有几个分类：一是减少碳排放，用可再生的清洁能源替代传统的化石能源，相当于新能源的概念；二是废水、废气、固体废弃物的无害化处理，比如脱硫、除尘、垃圾焚烧发电等；三是资源的回收再生利用，比如金属、玻璃、塑料回收重复利用和垃圾分类等；四是提高能源利用效率，降低单位能耗，比如集中供热、集中制冷等；五是新型环保材料，比如可降解塑料、保温材料、新型建材等；六是各种新型节能环保设备，比如感应开关、LED 节能灯具、节水马桶等；七是土壤改良、植被保护、环境改善等国土综合治理项目。

节能环保行业具有几项特点：一是具有利他性，即外部经济性，污染防治可能增加企业成本，受益的却是整个社会，企业的自主积极性并不高；二是依赖政府的大力支持、强力推进、财政补贴和法规惩处；三是主要用户是钢铁、冶金、水泥、玻璃、火电厂等各类能耗大户；四是具有一定的技术壁垒，涉及物理、化学、生物等多个领域的技术应用。

从投资角度来看，至少可以考虑且不限于以下几个应用前景广、运营成本低、投资回报率高、既利己又利他的板块：一是光伏、风电、锂电池等新能源，以及新能源汽车，这在前文已作阐述。二是垃圾焚烧发电，一般采取 BOT 或 PPP 模式，处理垃圾有补贴，发电有优先并网权，销售设备有利润，项目投资有政府背景，运营有长期保障。三是可降解塑料、新型环保建材等新型环保材料，技术含量高，市场应用广，用户容易接受，政府大力扶持。

16. "专精特新"

严格意义上讲，"专精特新"不能称为行业而是一个主题。所谓"专精特新"，顾名思义就是指具有"专业化、精细化、特色化、新颖化"特征的"小巨人"式的中小工业企业。那些企业的总体性特征就是小市值、高估值、高成长、高盈利、创新能力强。虽然这些企业当下营业收入规模尚小，但发展潜力巨大，在未来 3~5 年经过深耕细作之后，最终有可能成为行业细分市场龙头的企业。

从市值表现来看，上市的专精特新"小巨人"企业 70% 以上分布在 100 亿元、甚至 50 亿元以下的小市值区间。企业平均估值 60 多倍，高于创业板指数和其他指数。

从行业分布来看，这些"小巨人"企业主要分布在机械、化工、医药、电子、计算机等高新技术行业。这些企业具有良好的成长性，平均营业收入和净利润的增速是创业板企业平均增速的 2 倍左右，远高于沪深 300、中证 500、中证 1000 等其他指数板块。

从经营业绩来看，这些"小巨人"企业具有业绩增速高、盈利能力强、研发支出大的明显特点。企业的核心业务比较单一，往往聚焦于某些细分市场，往往处于"卡脖子"的关键环节，在细分市场拥有较高市场份额，具有较高的盈利能力，是细分行业的隐形冠军。

从创新能力来看，这些"小巨人"企业都具有技术研究院、企业技术中心、企业工程中心、博士后工作站等自建或合作共建的研发机构，过去 3 年研发费用占营业收入比例均值大于 5%，平均每家企业拥有 100 多个专利，其研发支出高于同期创业板和其他指数板块的企业。

从投资的角度来看，筛选这类"专精特新"企业，需要遵循以下几个标准：

一是占据产业链的强链、补链等关键环节，能够为大企业、大项目提供关键原材料、零部件、元器件等核心配套产品，实现关键核心技术自主可控和进口替代，解决"卡脖子"难题的"小巨人"企业往往就是比较理想的投资对象。二是进军全球供应链的核心环节，在实现国产替代之后，面向海外市场对原本的垄断企业发起挑战，有望成为全球性的"隐形冠军"。三是投资新技术、新趋势的赛道起飞型企业，当行业赛道起飞时，资本市场就会形成板块的资本聚集合力，进一步增强赚钱效应，让企业的估值加速上涨。

（三）基本投资策略

高新技术领域含有众多行业板块，分跨不同的产业领域，内在的产业链、价值链关系错综复杂。对高新技术领域进行有效投资，需要掌握一些方法和策略。

1. 寻找合适投资标的

如何才能寻找到合适的投资标的？可以应用上文所提到的行业分析工具，首先通过横向分析发现细分市场、纵向分析发现内在价值；然后通过纵横交错分析选择投资区位；最后在有投资意向的区位去寻找行业内的龙头企业、核心企业。

如同成绩优秀的学霸考上名牌大学的概率更高，学渣逆袭、咸鱼翻身的可能性比较渺茫的道理一样，选择经营规模大、财务质量好、技术水平高、现金流量充沛的行业龙头企业，其发展前景更好，抵御风险能力更强，成功的概率更高，这几乎是产业界的共识。

2. 关注核心技术能力

高新技术行业最重要的壁垒就是技术研发能力，同时也是企业持续成长的内生动力。俗话讲"伤人十指不如断人一指"，投资高新技术企业就必须关注那些拥有专业的、核心的技术研发水平的企业，一旦有机会就有可能发展成为某个细分市场或行业的龙头企业；舍弃那些这个也会做、那个也能干的"万金油"式的企业，面面俱到等于面面不到，产品系列过多、过杂的企业就不是理想的投资标的。

比如，宁德时代是一家专业从事锂离子电池的公司，成长为全球规模最大的锂动力电池制造厂商；而乐视希望做成一个拥有互联网视频、体育、汽车、金融等众多板块的多元化、生态化企业。两者的经营表现天差地别，拥有核心技术能力、能够内生性增长的宁德时代持续上升发展，而乐视的梦想却灰飞烟灭，成为很多投资者心中的伤痛，体现了核心技术能力的重要意义。

3. 防备商誉减值

高新技术企业在成长过程中，往往会采用一些兼并重组的手段以促进企业快速增长，其中就产生了很高的商誉，后续可能面临商誉减值的风险。一旦增长动能减弱，业绩增速放缓，商誉风险就会从隐性变成显性，股价就会大幅下降。

从投资角度来看，必须防范企业商誉减值的风险，一旦行业增速不达预期，商誉减值就从隐性风险变成显性风险，几年时间都未必能够扭转局面。

4. 规避幼稚阶段风险

俗话讲"三岁看大，七岁看老"，评估小孩的思路、方法同样可以用于预测行业和企业。高新技术的一些行业和企业尚处于高估值、低盈利的幼稚阶段，甚至是处于襁褓期、蹒跚学步期，虽然未来的发展趋势不容置疑，成长空间不可估量，但存在着未来盈利难以预测、项目落地不及预期的潜在风险。打个比方说，小孩子的小学成绩优秀并不意味着其大学成绩良好，反之小学成绩不好也不能代表其大学成绩不佳，但问题就在于投资者在现阶段只能看到小学成绩单，大学成绩单那是未来的事，难以做出准确的预见。投资恰恰是着眼于未来的事情，由此产生了不确定性和风险性。

从这个角度出发，对于这些尚处于幼稚期的企业，可以先行观察、长期跟踪、多方接触，避免上演"先驱变成先烈"的故事。适当时候进行风险投资，但不宜操之过急、早下结论、重仓投入，否则就会承担诸多不可预料的风险。

五、医药健康领域

没有全民健康，就没有全面小康。健康中国是国家重要的民生战略。健康是人们的永恒追求，而生老病死又无法避免，医药、医疗、保健可以说是全民的必需品。随着国内老龄化程度持续加剧，呈现不可逆转的趋势，人们对于健康、长寿、美丽的需求永无止境。生物医药、医疗服务、保健产品等健康产业将蓬勃发展，极有可能成为未来出现长期大牛股的行业。

（一）行业特征描述

1. 行业特点

与其他行业相比，医药健康行业具有鲜明的自身特征，主要表现在以下几个方面：

第一，市场规模巨大且分散。人体的皮肤、肌肉、骨骼、血液、五脏六腑如同一个个差异性很大的细分市场，世界上没有包治百病的药，也不存在任何药品、器械、疫苗、试剂、耗材都会生产的企业，只能涉足某一个或某几个细分市场。因此，医药健康行业市场大而分散，无数的大企业、小企业、老企业、新企业同场竞技，各自在所从事的一个或几个细分领域占据一定的市场份额，很难产生全行业通吃的垄断性企业。

第二，市场需求比较稳定。人的生老病死是个客观的自然规律，与经济形势繁荣或衰退没有关联性，而且随着人口老龄化趋势的不断加剧，消费能力的持续增长，医药健康行业还将进一步发展，具有逆经济周期性较强、市场需求比较稳定的特点。

第三，产品生命周期很长。不像一些高新技术产品，有了第二代、第三代产品就要淘汰第一代产品，医药产品的升级换代和替代效应并不显著。比如，云南白药、片仔癀、马应龙痔疮药、同仁堂安宫牛黄丸等一批中华老字号中成药历经几百年还焕发着强大的生命活力，青霉素、阿司匹林等药品历经百年仍在大量临床使用。只要某种疾病还没有被彻底消灭，有些药品就很难被淘汰出局。

第四，具有一定的公益属性。医药产品和服务具有一定的道德性和公益性，中国人有医者仁心、悲天悯人、悬壶济世、救死扶伤之类的医德，西方人有希波克拉底誓言，无论是东方还是西方都强调医药的道德属性。医药作为一种民生产品，无论是药品、器械、疫苗的生产和销售，还是诊疗、康复与服务，或多或少都会受到政府的价格管制和民间的道德约束，行业的公益属性比较强烈。

2. 价值分布

从产业链结构来看，医药健康行业上游是原料药、原材料、零部件环节，中游是研发制造环节，下游是批发、零售、诊疗、服务环节。普遍来讲，上游和中游环节技术含量比较高，某种药品或器械的生产厂商相对集中，往往只有少数几个，具有一定的垄断性或寡头性，也是附加值的主要集中区域。下游环节技术含量相对较低，市场比较分散，从事批发、零售、诊疗、服务的厂商、诊所、医院数量较多，产品或服务比较相似且不易区隔，市场集中度不高，不可能成为价值创造的重点领域。

以上所述只是普遍现象，当然也有例外的情况。如果某个医药细分行业对上游的药品、器械依赖程度不高，下游诊疗服务环节可以创造整个产业链50%以上的附加值，其核心资源不在于药品和器械，而是高度依赖医生的手艺和技术，这种细分行业的价值重心就在于下游诊疗服务环节。

（二）相关板块勾画

医药健康领域有药品、医疗器械、诊断试剂、医疗服务、医疗美容、康复保健等几大板块，都有各自的行业特点，以下展开简要分析，以期为投资工作提供相应的参考。

1. 药品制造和分销

药品制造和分销业务是医药健康领域内最大的业务板块。从医药产品的技术水平来看，可以分成传统药品和现代药品。前者如同仁堂、胡庆余堂、九芝堂、马应龙等传统老字号，属于不被世界所改变的企业。这类企业年均增长10%左右，增长稳定可预期性很强，现金流量充沛，虽然股价相对便宜，但股价的想象空间、升值空间有限。

后者是现代新型药品，属于改变世界的产品，具体又可以分成几类：一是生物药品，包括血液制品、抗体、疫苗等；二是生物治疗，比如干细胞、免疫细胞等；三是一些高端仿制药。现代新型药品增长速度快，成长空间巨大，年均增幅至少在20%以上，净利润率普遍在20%以上，甚至达到更高的水平，受到各路资本的重点关注。

从产业链结构来看，最上游是原料药环节，上游是研发制造环节，下游是批发零售环节，附加值主要集中在上游研发制造环节。

从市场空间潜能、股价增长速度、价值所在环节等几个因素综合考虑，药品投资有几个重点：一是优先考虑投资现代新型医药，然后才关注传统医药；二是投资肿瘤、心脏病、肺炎及呼吸道疾病、脑血管疾病、糖尿病等致死率最高的几类大病种、慢性病药品，市场空间更大，某些小病种药品容易遇上行业天花板，影响企业成长性；三是避免麻醉类、精神类等用量不多且受到严格管制的药品；四是从价值链角度考虑应当投资药品研发生产企业，而非从事批发、零售业务的药店。

2. 医疗设备

医疗设备是一个多学科交叉、知识密集、资金密集的高科技产业，具有技术含量高、产品利润高、市场需求大、增长速度快等特点。国内医疗设备的市场规模在 3000 亿元以上，未来 10 年医疗器械行业年均复合增速超过 10%，是医药行业的优质赛道。

从行业分类来看，医疗设备主要分成两大类：一是诊断治疗设备，构成医疗设备的主体，比如医学影像（DR）、计算机断层扫描（CT）、彩色超声波、核磁共振成像（MRI）、内窥镜、监护仪等诊断设备，以及各类手术器械、放射治疗器械等治疗设备；二是家用医疗设备，比如电子血压计、血糖仪、制氧机、雾化器等。

从市场结构来看，2020 年全球前 20 大医疗设备企业占整个市场规模的 54.5%。国内医疗设备行业的集中程度较低，前 20 家上市公司的市场占有率只有 14.2%。市场基本构成是高端产品占比 25%，中低端产品占比 75%，而且高端产品的 70% 由外企占领，国内企业主要生产中低端品种，在中高端产品领域仍有巨大的提升空间和发展潜力。

从产品结构来看，大体上可以分成高端、中端、低端三大类。高端设备主要有 CT、MRI、内窥镜等，通用医疗、飞利浦、西门子、奥林巴斯、宾得医疗等国际巨头获得了寡头垄断的市场地位，占据国内 80%～90% 的绝对市场份额，垄断了核心技术和关键零部件供应。国内企业技术、工艺上不成熟，虽然处于行业从属的地位，但借助性价比优势突破二级及以下医疗卫生机构市场，走"农村包围城市"的道路。比如，万东医疗在核磁共振成像（MRI），东软医疗在 CT、MRI，开立医疗在内窥镜领域，已经成为国产品牌的领先企业。

中端设备主要有 DR、彩超、监护仪等，国内龙头已掌握核心部件生产技术，具备技术竞争力，国产品牌已实现替代，未来市场的主要驱动力将来自基层医疗机构。DR 的设备国产化率已达 80% 以上，关键部件都有较为成熟的上游供应商体系，基本实现国产替代。彩超市场已实现中低端进口替代，国产设备以性价比优势逐步挤占进口品牌市场份额，国内龙头企业是迈瑞医疗。全球医疗监护仪市场呈寡头垄断格局，主要供应商有迈瑞医疗、飞利浦和通用医疗，迈瑞医疗占据 65% 的市场份额，是全球市场的绝对龙头。

低端设备主要是电子血压计、血糖仪、制氧机、病床、轮椅等医用、家用两用设备，市场规模将近 1000 亿元，年均复合增长率为 25%，已经实现国产化。虽然市场容量较大，但由于技术门槛低，市场参与者众多，行业头部集中趋势不明显，市场竞争比较激烈，呈现"红海"状态。

从商业运营模式来看，医疗设备行业具有以下几项特点：一是与药品相比，医疗设备行业门槛略低，行业细分领域众多，且产品需求多样，容易找到切入点。二是进口替代是未来十年医疗设备行业发展的主旋律，在分级诊疗等政策因素影响下，未来国内企业的商业机会主要在基层医疗机构。三是不仅需要深厚的技术积累，还需要依赖渠道进行市场培育和推广，在营销网络建设上投入巨大。

从行业发展逻辑来看，平台化布局是必然发展方向。医疗设备单个产品的市场规模都不大，外延并购是企业保持竞争优势的必经之路。其一是横向并购，不断扩充产品线；其二是纵向并购，从市场和技术两个方面保持和提升竞争优势；国内外绝大多数成功的医疗设备企业都是双管齐下。总之，技术上自主创新，经营上平台化布局，通过外延并购实现产业链延伸，向终端服务延伸，成为解决方案的综合提供商，是医疗设备企业发展的大势所趋。

从投资角度来看，有两个重点：一是投资中端、高端市场。低端设备市场过于分散且技术含量低，缺乏投资价值；中端设备市场具有良好的利润和现金流，是最值得关注的领域；高端市场增长空间大、速度快，但存在诸多技术瓶颈，不确定性因素较多。二是投资技术比较先进、产品品类较为丰富、营销能力比较强大的平台化企业。

3. 医疗耗材

2019 年国内医用耗材的市场规模在 1900 多亿元，近年来年增速约 20%。从价值角度来看，医用耗材可分为高值医用耗材和低值医用耗材。

高值医用耗材包括血管介入物、骨科植入物、眼科植入物和血液净化等细分领域，其中血管介入和骨科植入类市场空间最大，分别占比为 35.7% 和 26.7%。

2019 年国内高值医用耗材市场规模已接近 1300 亿元，还在以年均 20% 左右的速度增长。国内用 30 多年时间就有了显著进步和突破，基本能够全面覆盖骨科、血管、眼科高值耗材和生物材料，涌现了一批优秀的上市公司。但与国外企业相比较，国内企业大多规模较小，布局分散。

低值医用耗材是指医院在开展医疗服务过程中经常使用的一次性卫生材料，包括一次性注射器、输液器、医用敷料、留置针、引流袋、引流管、医用手套、口罩、防护服、手术缝线等。其中注射穿刺类产品占比最高，大约占到 30%；其次是医用卫生材料及敷料类，占到 22%，紧随其后的是医用高分子材料类、医技耗材类和医用消毒类耗材。

2019 年国内低值医用耗材市场规模约为 762 亿元，到 2021 年就增长到 1057 亿元，年均增长 20% 左右。该行业集中度偏低，技术含量较低，附加值不高，产品同质化严重，行业竞争激烈，呈现小而散的状态。

从投资角度来看，高值医用耗材是良好的投资赛道，低值医用耗材的投资价值稍逊一筹。

4. 体外诊断（IVD）

2020 年国内体外诊断市场规模接近 900 亿元，保持年均 18% 左右的高速增长，其中诊断试剂是市场的主体，占比约为 73%，诊断仪器及其他耗材约占 27%。

从市场竞争格局看，全球和中国市场都呈现"5+X"的市场格局，五大国际巨头罗氏、西门子、丹纳赫、雅培、赛默飞占比在 50% 以上，仅罗氏一家企业就占 20% 左右。国内企业呈现"小而散"的状态，在相对低端的生化诊断领域占比较高，在化学发光和 POCT 这些中高端技术方面具有较大的进口替代空间，上游原材料环节和下游应用延伸"制造+服务"将成为未来发展壮大的方向。

从技术发展历程角度来看，体外诊断试剂主要分为生化诊断、免疫诊断、分子诊断三种类型，其中免疫诊断是最重要的细分市场。

生化诊断，比如最常见的血常规、尿常规、肝肾功能等，是发展最成熟的 IVD 领域，市场占有率约为 19%，未来 3~5 年维持约 7% 的低速增长。目前国内的生化诊断市场已完成大部分的进口替代，国产试剂占有率已超过 50%，市场竞争较为激烈，已经进入"红海"模式。

免疫诊断，比如传染病、内分泌、肿瘤、药物检测、抗体、抗原等，是市场份额最大的 IVD 领域，市场占有率约为 38%，年均增速 15% 以上，其中化学发光试剂占比约 75%，酶免疫试剂已被逐渐替代。

分子诊断，比如遗传病、肿瘤、基因检测等起步较晚，市场占有率最低，约为 15%，却是近年来增速最快的领域，未来 3~5 年将维持年均 20% 的增长速度。

从产业链上下游来看，体外诊断行业的上游环节主要由电子元器件、诊断酶、抗原、抗体、精细化学品等原料构成，成为核心技术壁垒的关键所在，属于产业链的核心利润环节，尽管上游环节仅占整个行业产值的 10% 左右，但毛利率高达 90% 以上。中游环节主要由诊断设备、诊断试剂构成，是一个针对原材料进行组装并生产出体外诊断试剂的过程，产品同质化严重，价格波动不大，企业盈利能力稳定，市场供应充足且竞争激烈。下游环节主要由医疗机构检验科、体检中心、第三方诊断机构、疾控中心、家庭等用户单位组成，大致可以划分为医学检测、家用（OTC）和血源筛查（血筛）三个板块，其中医院是体外诊断行业最大的用户，占总市场规模的 89%，家用 OTC 占比 6%，体检市场占比 4%，第三方实验室（ICL）占比约 1%。

从投资角度来看，体外诊断（IVD）是一个比较理想的行业，有几个投资重点：一是重试剂而轻器械，重点关注化学发光试剂；二是选择免疫诊断和分子诊断，前者重规模，后者重增速；三是优先选择上游的原材料环节，最佳模式是"上游制造+下游应用"的纵向一体化。

5. 疫苗

疫苗行业是医药领域的一个小而美的细分赛道，疫苗产品具有研发时间长、资源投入多、失败风险大、竞争门槛高等特点，平均研发周期在 10 年以上。

从全球疫苗市场来看，具有几个特点：一是近年来全球疫苗市场年均复合增长 6.6%，2024 年预计将达到 448 亿美元；二是行业呈现寡头垄断格局，葛兰素史克、赛诺菲、默沙东、辉瑞这四大疫苗厂商合计占约 88.5% 的市场份额；三是品种驱动行业增长，品种头部效应明显，前 10 大疫苗产品总销售额占总市场份额的 63.5%，其中肺炎球菌疫苗（PCV）、宫颈癌疫苗（HPV）、B 型流感嗜血杆菌疫苗（HIB）等品种最受瞩目。

从国内疫苗市场来看，具有几个特点：一是疫苗市场快速发展，近年来年均复合增长约为 11.30%，预计 2030 年疫苗市场规模将超过 1000 亿元；二是一类疫苗（政府免费提供）市场占比逐渐下降，二类疫苗（自费）量价齐升；三是重点品种（PCV、HPV、HIB 等）增长速度较快，发展势头良好；四是国内市场规模较小，人均消费低，技术相对落后，创新性疫苗较少，成年人疫苗市场相对空白；五是药监部门对疫苗监管十分严格，属于统购统销物资；六是随着行业准入门槛和规范程度的不断提高，产品品类丰富且具有研发领先优势的企业有望强者恒强。

从技术发展路线来看，可以分成三代技术：一代疫苗是使用完整的病原体作为疫苗，包括减毒疫苗和灭活疫苗，技术稳定成熟，当前国内广泛使用的新冠病毒疫苗、狂犬病疫苗就是一代疫苗。二代疫苗将抗原精简为病原体的蛋白或多糖，包括亚单位疫苗、基因工程疫苗、蛋白/多肽疫苗、多糖疫苗等，二代疫苗是当前整个疫苗市场的主要技术平台。三代疫苗则是将抗原简化成顶层的核酸物质，包括核酸疫苗、重组病毒疫苗、细胞疫苗、病毒载体疫苗、DNA 疫苗、RNA 疫苗等，其中 mRNA 是最新的三代疫苗技术，具有研发快、成本低、制备周期短等优势。

疫苗的升级是抗原从完整到精准，平台从专用到通用，免疫能力从单一到全面的过程。当前疫苗技术正处于二代疫苗向三代疫苗升级的节点，三代疫苗在研发速度、产业化进程、免疫水平方面优势明显，未来应用前景良好。

从投资角度来看，可以选择几个重点方向：一是投资肺炎球菌疫苗（PCV）、宫颈癌疫苗（HPV）、B型流感嗜血杆菌疫苗（HIB）等用量大、增长快、利润高的疫苗品种。二是投资具有二代疫苗和三代疫苗技术的企业，二代疫苗是当前主要技术平台，成熟度高，品质稳定，现金流充沛，盈利能力强；三代疫苗技术含量高，代表着未来发展方向。三是优先选择自费接种的二类疫苗，企业的利润率更高，其次考虑政府免费提供的一类疫苗。四是投资细分领域内的龙头企业，比如，智飞生物是国内综合实力最强的民营生物疫苗供应商和代理商之一；康泰生物是国内主要的乙肝疫苗、百白破HIB四联合疫苗生产商；沃森生物是国内PCV13价肺炎疫苗、HPV2价疫苗供应商；华兰生物是国内最大的血液制品和流感疫苗生产厂家。

6. 医药服务外包（CXO）

医药服务外包（CXO）是医药板块中新兴子行业，大致可分为上游临床前CRO、中游临床CRO、下游制造CMO/CDMO三个子板块。客户群体主要分为大型跨国制药企业和新兴创新药研发机构。

从行业特点来看，医药服务外包行业具有市场前景广阔、客户黏性好、长尾效应显著、增长势头明显等特点，年均增长率在25%~30%，毛利润率在40%左右，净利润率20%~30%，净资产收益率在15%~20%。

CXO行业具有长期的市场空间和发展潜力，从行业发展逻辑来看主要有三项因素：一是由于近年来受研发费用增加、研发效率降低、药品管理体系不断完善等因素影响，大型药企通过CXO企业替代部分自主研发工作，以控制成本、缩短周期和减少研发风险。二是该行业是个劳动密集型产业，国内的工程师红利带来人工成本优势。三是国内较高的人口基数导致各类药物适应症的患者基数大，有利于加快临床试验进度，缩短药物研发周期。

从市场竞争格局来看，基本形成"1+2+N"的格局。由于涉及环节较多，企业分工细致，头部企业可布局多个细分领域，但难以覆盖所有细分市场的差异化需求，因此CXO不具有行业垄断性。

"1"是指第一梯队的药明康德，市场占有率约为15%，业务覆盖CRO和CMO/CDMO上下游全产业链服务，现已成为中国规模最大、最全面和最具研发实力的小分子医药研发服务企业，是行业绝对的龙头企业。

"2"是指第二梯队的康龙化成和泰格医药，两家市场占比之和仅7%左右。康龙化成是中国第二大医药研发服务平台及全球第三大药物发现服务供应商，在药物发现、临床前及早期临床开发服务方面处于领先地位。泰格医药是国内领先的临床合同研究组织（CRO），专注于为医药产品研发提供I-IV期临床试验、数据管理与生物统计、注册申报等全方位服务业务。

"N"是指第三梯队凯莱英、美迪西、昭衍新药等其他一些企业，其中凯莱英侧重于药品制造服务（CDMO），在产业链上处于下游环节。由于CXO不属于垄断性行业，这些小企业依靠深耕某些细分市场，仍会占据一定的市场份额。

7. 诊疗服务

中国的诊疗服务的主体是公立医院，民营医院处于从属地位，多集中在眼科、牙科、妇产科等技术含量相对较低、自费程度相对较高的领域。

从商业模式上看，诊疗服务行业具有几项特点：一是核心资源是医生资源，采用高工资、股权、期权等方式来绑定医生资源，对临床医生的吸引力将成为核心竞争力。二是服务在产业链中占据主导地位，医药产业链大致可分成上游的制药和器械，下游的诊疗服务两大领域，诊疗服务市场占据整个产业链50%以上的市场份额，诊疗服务才会有足够的空间。比如，眼科、牙科诊疗服务环节所创造的价值占据了整个产业链70%以上的比重，这就形成一些民营专科医院、私人诊所生存发展的先天环境，与之相对比，某些内科、外科领域就缺乏这方面的条件。三是诊疗服务市场集中度较低，而且术业有专攻，连锁医院、私人诊所较多，缺乏垄断性和寡头性。

8. "数字化+医疗"

近年来，阿里健康、京东健康、平安好医生等"数字化+医疗"形式使得医疗行业发生了巨大的变化，虽然尚处于初级阶段，但快速增长的趋势相当显著，成为医疗服务领域的潜在明星。

从商业模式上看，"数字化+医疗"借助互联网平台，将在线问诊、医药电商、医疗信息化、慢性病管理、互联网保险这五个商业领域整合在一起，主要参与主体包括互联网公司、保险公司、医院、医生、药房和患者，针对精准匹配的用户群体，对用户的健康管理需求进行系列化服务，在线上实现医疗、医药、医保的"三医联动"。

从产业链结构来看，产业链上游为数字技术为核心的信息平台，重点在于对医疗大数据的管理、整合、分析和利用，是"数字化+医疗"行业的基础设施。中游是整个产业链的核心环节，是行业和企业最为集中的环节，关键点在于数字化技术与传统医疗体系的融合。下游包括诊疗、医疗美容、保健、健康咨询等各种医疗消费领域，属于范围更为广阔的大健康概念。

从发展趋势来看，"数字化+医疗"长期发展空间巨大，预计国内医疗体系最终将以"数字化+医疗"为基础，构建线上、线下一体的智慧社区医疗系统。

从投资角度来看，上游信息平台和中游的数字化融合应用可以作为重点关注的核心环节。

9. 医疗美容

受益于消费升级的趋势，人们对美丽的需求更加凸显，我国已经发展成为世界第三大医美市场，预计市场规模可达3000亿元，年均复合增速20%以上。

从产业链角度来看，整体上由上游原料器械和下游美容机构两大环节构成。上游由材料和器械构成，材料主要有玻尿酸、肉毒素、胶原蛋白等，器械主要有射频美容仪、彩光嫩肤仪、吸脂机等。上游环节技术壁垒和市场准入壁垒较高，竞争者较少，盈利能力强，利润空间大，一般毛利率可达60%~90%，净利率在25%~60%。下游高度分散化，多为民营美容医院、美容诊所、美容院等，提供各种美容服务，市场进入门槛低，服务同质化严重，市场竞争非常激烈，营销成本占收入比重的30%~40%，多数企业盈利能力弱，净利润率不到10%。

从投资角度来看，医疗美容行业上游的材料、器械生产领域更有价值，技术含量和进入门槛高，掌握着行业主动权，更容易做大规模，并具有一定的行业垄断性。下游主要是提供医疗美容服务，市场广阔且行业壁垒小，主要依靠品牌、营销、服务能力取胜，做大规模主要采用连锁方式，处于自由竞争状态，很难形成规模优势，缺少投资价值。

10. 康复保健

康复、护理、养老、健身、疗养等也属于大健康的范畴，这些劳动力密集型服务行业市场需求虽大，但行业进入壁垒过低，市场集中度过低，难以形成规模效应，即使一些康复保健器械也是属于低技术含量的医疗产品。从行业生态来看，康复保健与零售、酒店、旅游、家政等生活服务行业有着很大的相似性，处于自由竞争状态，投资价值相对有限。

（三）投资风险防范

虽然医药健康是最有可能基业长青的领域，但在投资活动中也需要把握好投资节奏，识别和防范以下几项风险：

第一，新药的研发是一个漫长、昂贵且高风险的过程，一个新药研发需要几年甚至 10~15 年时间，且耗资巨大，其中一半的时间和经费都花在了药物临床试验上，存在临床失败或上市注册被驳回的风险。

第二，高端医疗器械、设备、试剂、耗材的研发、制造环节存在技术瓶颈，由于一些核心技术、关键零部件掌握在国外企业手中，国外技术封锁、出口管制将拖累研发和制造进度。

第三，医药行业是个不完全竞争且受到政府管制的行业，存在着上游生产要素市场化和下游产品销售公益化之间的矛盾，某些药品、疫苗、试剂、耗材等产品属于政府统购统销物资，存在非市场化影响因素。

第四，"两票制"、"集采降价"、"一致性评价"等政策推行是大势所趋，对药品、器械、耗材生产企业形成一定的经营风险。中标者虽然能保证产品销量，但单价通常会大幅下调，影响营业收入和毛利率，落标者将遭遇业绩与股价"双杀"的局面。但这个问题需要辩证对待，一些企业虽然通过"集采"降低了价格，但也扩大了销量，减少了对经销商的渠道依赖，降低了营销费用，强化了终端服务能力，营业收入和净利润率出现不减反增的现象。

六、消费行业领域

消费类产品大家都不陌生，衣食住行都是日常生活所需，没有认知上的障碍。从国内 A 股的消费类股票表现来看，既是长期表现最好的行业，又是最容易出现"长跑冠军"的领域。从发展趋势上看，中国从制造大国走向消费大国是一个必然的趋势，随着人民的经济收入、生活水平不断提升，中产阶层的不断壮大，消费能力将持续升级。

（一）行业特征描述

1. 消费产品分类

消费产品大致可以分成两大类：一是必需消费品，这类产品单价较低，消费量大，是购买频率高的快速消费品，比如食品、饮料、服装、日用品等。二是可选消费品，这类产品单价较高，使用时间长，是购买频率较低的商品，比如家具、家电、汽车、珠宝、名贵手表等。

必需消费品的需求比较稳定，不管经济环境如何变化，基本生活需求会被优先满足，具备逆经济周期性特点，拥有持续增长的潜能。可选消费品具有较强的顺周期属性，经济形势好的时候，人们收入水平高，消费意愿强，可选消费品销量就会大增；经济形势不好的时候，消费就会被推迟或取消。家电、汽车既是耐用消费品，又是属于重资产投入的行业，当前国内市场已趋于饱和，行业增速放缓，产品更新时间长，盈利能力和资产回报率并不显著。从投资角度来看，相对于可选消费品，食品、饮料、酒水、日用品等必需消费品更具有投资价值。

2. 必需消费品的特点

必需消费品具有以下几项特点：一是产品生命周期长，受新技术冲击小，品牌、渠道壁垒很高，行业龙头企业很容易形成寡头垄断格局；二是客户黏性强，重复购买率高，一旦形成口感、偏好、使用习惯等消费依赖就很难改变，品牌的忠诚度较高；三是刚性需求强，消费升级趋势显著，从俭入奢易，由奢入俭难，受经济周期影响程度较小；四是品牌效应显著，产品没有认知上的困难，基本上每天可以接触到，产品购买受到品牌的影响力较大。

（二）相关板块勾画

消费类产品种类繁多、包罗万象，涉及衣食住行的方方面面，无法做到全面覆盖，只能按照生活中常见的产品类别进行重点分析和勾画。

1. 主副食品

主副食品作为生活必需品，具有产品生命周期长、市场需求稳定、资金周转快等特点，细分市场内的龙头企业形成了寡头格局，但类似于国外雀巢、达能、卡夫等品类丰富的企业在国内市场尚未出现。

第一，大米、面粉、食用油等主食。这类食品是生活必需品，毛利率一般在10%以上，净利润率为5%~8%，产品周转速度很快。由于涉及国计民生、社会稳定等民生因素，价格受到政府的严格管控，即使龙头企业的市场占有率再高，也难以形成垄断性，产品提价空间相对有限。

第二，肉、禽、蛋、奶、糖、蔬菜、水果等副食品。这类食品作为生活必需品，虽然市场很大但较为分散，净利润率一般在10%左右，产品周转很快，政府的价格管制较小，行业龙头企业有较大的定价自主权。

第三，酱油、醋、蚝油、鸡精等调味品。这类食品市场容量很大，市场集中度不高，有一定的地域性消费限制，有较强的味觉壁垒及一定的消费黏性，产品的周转速度很快，毛利率40%左右，净利润率在15%~20%，行业内的龙头企业具有自主定价权，在某些细分市场容易形成寡头竞争格局。

第四，饼干、糖果、坚果、蜜饯等零食或休闲食品。这类食品的市场集中度较为分散，进入门槛较低，市场竞争很激烈，毛利率在40%~50%，净利润率10%以上，产品的可替代性很强，单一产品销售量不大，更为看重品牌效应。

第五，各类保健食品。保健食品介于药品和普通食品之间，具有特定的保健功效，适合于一些特殊消费群体。保健食品市场容量虽大但集中度较低，行业内存在无数个细分市场。行业的门槛不高，市场竞争激烈，毛利率普遍在60%以上，净利率在20%~30%，营销费用很高。国内市场基本处于自由竞争状态，有优势企业但无寡头企业。

2. 预制食品

预制食品就是通常所说的即烹、即热、即食食品，对应的范围大致可分为速冻食品、方便食品、半成品菜和复合调味品四大类。近年来，随着人民收入水平的持续提升，生活节奏的显著加快，人口老龄化问题的加剧，家庭结构的小型化，单身人群比例的不断上升，以及冷链物流的快速发展，各种方便食品、速冻食品、预制食品呈现快速增长态势。

从市场竞争格局来看，预制食品就是对农林牧渔初级产品进行加工和包装，通过增加便捷性来提高产品的附加值。行业技术壁垒和进入门槛不高，产品可复制性很强，产品的市场议价能力较弱。国内预制食品行业总体上处于成长期，整体规模增长较快，但行业集中度较低，基本处于自由竞争状态，只有速冻食品市场相对成熟，竞争格局相对稳定，产生了三全、思念、湾仔码头等知名品牌。

从产业链角度来看，预制食品行业供应链条较长，涉及上游食品原料生产及初级加工，中游急冻制造环节，全程冷链物流配送，以及下游贸易商和终端零售网点，直至"最后一公里"送上消费者餐桌。原材料采购、产品研发、生产制造、冷链物流、配送分销形成整个价值链条，成本管理和品质控制构成了企业的核心竞争能力。

从投资角度来看，行业内具备这些能力的企业将会突围而出：一是具有规模效应和成本优势的企业；二是具有供应链掌控能力的企业；三是具有强大的产品开发能力并形成丰富产品线的企业；四是拥有强大品牌影响力和营销渠道下沉资源的企业。

3. 酒水

酒水大致可以分成白酒、葡萄酒、黄酒、啤酒几大类型，白酒的投资价值很高，尤其是酱香型白酒。

（1）白酒

中国拥有悠久的酒文化，白酒是当前酒水消费的主流品种。从市场整体情况来看，国内白酒产能总体过剩，行业增速缓慢，但结构性分化特征相当显著，高端白酒受到追捧，龙头企业具有自主定价权，形成了寡头竞争格局。从经营表现来看，白酒的毛利率普遍在80%左右甚至更高水平，由于产品单位价值高，有利于克服物流、营销、广告等成本约束性因素，形成全国性市场。从竞争能力来看，品牌效应和销售渠道构成了行业竞争的两大重要因素，尤其是品牌决定了白酒的档次、价格和竞争力。

白酒可以细分为酱香型、浓香型、清香型和其他香型等几个细分市场。酱香型白酒主要产自贵州北部、四川南部的狭小地区，与特殊的气候、土壤条件紧密相关，需要储藏5年以上才能出厂，产能比较稀缺，正是由于稀缺才更具有价值。2020年酱香型白酒以8%的行业产量完成了27%的行业销售收入，实现了40%的行业利润总额。酱香酒市场内茅台酒凭借"国酒"的光环遥遥领先，郎酒、习酒、国台酒、金沙酒等产品分享中低端酱酒市场，不断开发高端产品，开拓高端市场，打造高端品牌。浓香型白酒出酒快、产量多，全国各地均有生产，高中低档全面覆盖，以白酒行业60%以上的产量完成51%的行业销售收入，国内最出名的产区在四川、皖北和苏北，五粮液、泸州老窖、洋河大曲、古井贡酒等知名品牌是典型代表。清香型白酒以中低档白酒为主，占国内白酒行业销售收入的15%左右，主要产自山西、河北、北京等地，以汾酒、二锅头最为出名。凤香型、米香型、馥香型、豉香型、芝香型等其他香型的白酒类型多、市场小、消费群体有限，总体上处于边缘地位，在此不再阐述。

（2）葡萄酒和黄酒

葡萄酒并不是国人酒水消费的主流，高端葡萄酒多为进口产品，国货多以中低端为主，毛利率在50%~60%，净利润率20%左右。黄酒行业总体上处于衰退状态，毛利率40%左右，净利润率10%左右，并且具有一定的消费地域性。

（3）啤酒

啤酒的市场规模很大且具有较强的地域性、季度性，由于产品单位价值低而物流成本高，运输半径有限，为了节约物流成本，啤酒酿造企业大多会在临近主要消费地区开设灌装厂，所以啤酒企业多为重资产运营。尽管啤酒的毛利率在40%左右，但净利润率大多只有5%~8%的空间，资产折旧、物流成本、营销费用等支出侵蚀了大量的毛利，基本上属于微利行业。

4. 软饮料

软饮料指酒精含量低于0.5%的天然或人工配制的饮料，即通常所谓的非酒精饮料。2021年国内软饮料行业市场规模达到5829亿元，过去14年间复合增长率约为8.0%，预计未来将保持稳健增速。

软饮料行业具有市场壁垒低、品类繁多、生命周期普遍较短的特点，存在去糖化和高端化的消费趋势。目前，阿斯巴甜、安赛蜜、三氯蔗糖和赤藓糖醇是甜味剂的主流产品，其中阿斯巴甜的市场渐趋萎缩，安赛蜜增速放缓，三氯蔗糖和赤藓糖醇维持高市场景气度。

软饮料大致可以分成包装饮用水、碳酸饮料、果汁、茶饮料、功能性饮料等几大类，各自具有相应的特点。

（1）包装饮用水

包装饮用水从品类上有天然水、矿泉水、纯净水等类型，但产品区隔并不显著；在价位上有高中低档的区分，2元/500ml左右的中档价位占据市场的绝对优势地位。2021年行业头部前三强与前六强企业的市场占有率分别达到63.3%和78.4%。农夫山泉连续八年蝉联第一确立强势地位，市场占有率达到30.2%。华润怡宝保持行业第二，景田百岁山异军突起升至第三，康师傅、娃哈哈、可口可乐占据市场的第四至第六位。目前，包装饮用水占据了软饮料市场最大的份额，也是最具投资价值的细分赛道。

（2）茶饮料

茶饮料市场增长缓慢，行业高度集中，康师傅和统一领先优势明显，大约占据国内2/3的市场份额，双寡头的市场格局较为稳定。近年来，低糖或无糖茶饮料成为发展趋势。

（3）果汁饮料

果汁饮料市场增长缓慢，行业竞争激烈。可口可乐、康师傅、农夫山泉、娃哈哈、统一这市场前5名厂商占据国内约1/4的市场份额。近年来低浓度果汁已进入衰退期，纯果汁饮料成为增速最快的细分市场。

（4）碳酸饮料

碳酸饮料市场高度集中，可口可乐、百事可乐两大巨头凭借90%以上的市场占有率占据全球领先地位，新进入者难以实现突破，国产品牌处于边缘地带。

（5）功能饮料

功能饮料增速较快，市场格局较集中，但消费群体有限，难以发展成市场的主流产品。功能饮料排名第一的红牛在市场竞争中遥遥领先，达能、农夫山泉、东鹏、达利处于第二梯队，竞争相当激烈且差距并不明显。

从长期来看，软饮料行业市场稳步增长，产品区分并不大，可替代性较强，品牌影响力显著。随着品类发展日趋完善，龙头型综合饮品公司有望借助品牌影响力、多元化产品矩阵及良好的渠道营销能力，占据更高的市场份额，形成格局稳定、强者恒强的局面，具有长期投资价值。

5. 农业板块

农业是食品行业的上游，农业规模化、集约化、现代化趋势孕育出一批成长性大企业，逐步由主题性、周期性向着成长性、消费性转型。投资农业企业的风险表现为几种类型：一是虽然行业体量很大，但集中度比较分散；二是生产过程中面临气候、旱涝、虫灾、疫情等自然灾害；三是生产效率相对较低，必须顺应动植物生产周期，短期内供应呈刚性；四是农产品保质期相对较短，价格波动较大；五是某些农产品的存货无法有效核实，一些现金交易无法准确记录在账，不利于准确地评估企业价值。

农业产业链上细分子行业众多，不同细分行业体量差异也很大，大体量行业才能孕育出大市值公司。从现有农业子行业来看，表现较好的子行业主要集中于生猪养殖，以及产业链上的饲料加工、动物疫苗、兽药等，而一些传统种植业、种业、水产养殖业等则相对逊色。

（1）种植及粮食加工业

种植及粮食加工业是农业领域最大的子行业，2019 年国内市场规模约为 3.1 万亿元，占农业产值的 50% 以上，行业内拥有金龙鱼、大北农、苏垦农发等上市企业。粮食作为国家的战略性物资，与国计民生、社会稳定紧密相关，收购、销售价格都会受到严格的管制，企业的自主定价权比较有限。

（2）生猪养殖业

猪肉是我国居民最主要的副食品。从需求端来看，中国是世界最大的猪肉消费国，一年要吃掉将近 7 亿头猪，全球一半以上的猪是中国人消费的。2019 年相关统计数据显示，我国居民肉类产品消费结构中猪肉占比最大，约占肉类产品消费总量的 63.45%，人均消费量 40 千克左右；其次为牛肉，约占 7.56%；羊肉约占消费总量的 5.58%，禽肉约占 23.41%。

从供给端来看，中国是全球生猪出产第一大国，近 10 年来猪肉产量稳居全球第一，占全球产量的 50%~60%。2020 年出栏 6.84 亿头，存栏 4.2 亿头，猪肉产量 5400 多万吨。

国内生猪养殖行业具有 1.1 万亿元以上的市场容量，位列农业板块的第二大子行业。由于市场容量太大，即使是行业龙头企业，也只能占据竞争优势地位，而不具有行业垄断性。

国内生猪养殖为农户散养为主，猪场规模绝大多数在 500 头以下，行业集中度很低。从发展趋势来看，散养户将逐步退出市场，10000 头以上的养殖规模化进程明显加速，"公司+农户"或"自繁自养"的专业化、规模化、标准化、品牌化、高端化养殖企业将成为行业的主流。

国内生猪养殖业大而不强，当前主流猪种都是从欧洲、美国引进。商品猪是养殖企业的主要营业收入来源，种猪、仔猪的利润率远远超过商品猪，种猪、仔猪的供应商才是技术含量高、利润丰厚、抗猪周期能力强、占据市场核心地位的企业。

生猪养殖业被普遍认为是周期性产业，体现为生猪价格的剧烈波动，猪周期一般在 4 年左右。随着规模化养殖进程的加速，行业集中度的提升会延长猪周期的时间，但并不能消除猪周期。

（3）禽类养殖

国内肉禽类养殖有 8100 多亿元的市场规模，位列农业第三大子行业，禽肉消费约占肉类消费量的 23%。国内禽类养殖行业供给趋于饱和，养殖向下游终端消费品延伸，出现"种鸡繁育—鸡苗孵化—商品鸡养殖—肉鸡屠宰—包装食品"的产业链一体化的发展趋势，龙头企业的品牌化优势明显。

（4）饲料加工

中国的饲料工业具有 7400 多亿元的市场规模，位列农业第四大子行业。虽然饲料加工行业盈利水平一般，毛利率一般在 8%～13%，净利润率 5%左右，但饲料的周转速度很快，并且经营性现金流较稳定。

当前饲料行业的发展呈现两大趋势：一是市场集中度持续提升，头部企业市场占有率不断提升，单体生产规模持续增加，诞生了一批行业巨头。二是行业持续从制造向养殖延伸，单一性饲料企业逐步减少，纵向一体化养殖企业占比不断增加，大型饲料企业基本都开始进军养殖业，一批猪饲料头部企业逐步转型为生猪养殖行业的重点企业。

（5）动物疫苗和兽药

动物疫苗、兽药行业属于养殖服务业，主要用于动物疫病治疗和防疫，市场容量约为 450 亿元。国内兽用药品、疫苗生产能力已经过剩，产能利用率普遍低于 50%，产品毛利率一般在 60% 以上，净利润率在 20% 左右，是农业行业中为数不多的高利润率板块。

为了确保兽药"安全有效"，兽药从研制、生产、流通、使用至质量等全过程均由国家监控，具有较强的行政许可，部分重大动物疾病疫苗采用"定点企业"生产。从投资角度来看，动物疫苗、兽药行业市场容量有限；从机会成本角度来看，人用的疫苗、药品将优于兽用疫苗和药品。

6. 日用化学行业

国内日化行业呈寡头竞争格局，宝洁（P&G）、联合利华、花王等国外品牌占据中高端市场，蓝月亮、上海家化、纳爱斯等国内企业分享中低端市场。产品线比较丰富的企业市场占有率更高，盈利能力更强，更具有投资价值。

日化产品按照用途可以划分为两个大类：第一类是清洁用品，其中又可以分成三个子类别，一是个人洗护用品，比如牙膏、香皂、沐浴露、洗发水等；二是家居用品，比如肥皂、洗衣液、柔顺剂等；三是厨卫用品，比如洗洁精、消毒液、清洁剂等。第二类是化妆用品，包括各类护肤用品、护发用品、彩妆用品等。

（1）清洁用品

国内清洁用品市场广阔，兼具稳健性和成长性，预计 2024 年规模可达 1677 亿元，年均复合增长率约为 8.4%。清洁用品市场行业集中度较高，现在龙头企业通过品牌、渠道优势建立起深厚的市场壁垒。

从市场结构来看，家居用品中的衣物清洁是规模最大的细分市场，2019 年市场规模 678 亿元，约占清洁用品 61% 的市场份额，2024 年市场规模可达 971 亿元，年均增长速度 7.4%。从投资角度来看，衣物清洁是清洁用品领域相对最有价值的细分市场。

厨卫清洁用品 2019 年市场规模 335 亿元，约占清洁用品 30% 的市场份额，其中 57% 是厨房清洁用品，预计至 2024 年市场规模可达 555 亿元，年均增速

11%，是清洁用品中增速最快的板块。

个人洗护用品规模较小，约占清洁用品9%的市场份额，市场需求长期稳定，2019年市场规模约为95亿元，年均增长2.5%。

（2）化妆用品

化妆用品可分成几个类别：一是护肤类产品，比如精华素、美白霜、防晒水、保湿霜等，不仅是化妆品市场的主流，而且是增速最快的品类，特别是面膜、眼妆、眼霜等产品的销售额近年来显著增长。二是彩妆类产品，比如口红、眼影、胭脂粉等，在化妆品市场中的份额不足20%，市场基本饱和，增长速度放缓。三是护发用品，比如护发素、发油、发乳、焗油膏、发蜡等，市场空间趋于饱和导致增速放缓。四是功能性护肤品（药妆），比如具有去痘点、去瘢痕、去痤疮等功能的护肤用品，因其具有特殊功效而快速增长，成为护肤品市场的新生力量。

从市场格局来看，得益于消费升级大趋势，以及人们对美丽永无止境的追求，2018年中国就超越美国成为全球最大的护肤品市场，年均复合增长率为7%以上，2022年市场规模在2500亿元以上。外资品牌仍然牢牢占据着国内2/3以上的市场份额，欧莱雅、资生堂、雅诗兰黛、迪奥、兰蔻等国际一线品牌占据了国内高端市场的绝大部分份额，珀莱雅、自然堂、丸美等本土品牌只能占据中端和低端市场，而且行业集中度偏低，国内前10大公司市场占有率在40%左右。

从市场份额来看，护肤品的高端市场份额在23%左右；而中端市场和大众高端市场两块合计占比大致超过了50%，构成市场的结构主体；大众中低端产品市场份额在25%左右。护肤品的品牌驱动力非常显著，市场消费日益趋向中高端产品，正在挤占低端产品的市场份额。

从区域结构来看，国内一、二线城市仍是主流市场，中青年女性是消费主力，行业销售渠道下沉趋势明显，未来大部分盈利增长将来源于三、四线城市。

从销售渠道来看，化妆品行业的传统渠道是百货商场、超市、专卖店等，近年来网上销售成为拉动增长的主要渠道，年均增长10%以上，网红带货、网上直播成为新兴销售方式。

从价值分布来看，化妆品行业没有上游的原材料供应瓶颈，大型品牌商通常具有较强的研发、自主生产、品牌营销、渠道拓展能力。品牌影响力是化妆品企业最重要的核心竞争力，生产商的毛利率约为 35%，品牌商的毛利率为 60% ~ 70%，一些高端品牌的毛利率可以达到 70% ~ 80%，经销商、零售商等渠道商的毛利率为 30% ~ 40%。

从投资角度来看有两个方向：一是投资护肤用品，作为市场主流产品，其市场空间大、增速快，尤其是功能性护肤品（药妆）的增速尤为迅猛；二是投资中高端品牌企业，其具备市场规模大、发展趋势好、毛利率高、品牌影响力大等竞争优势。

7. 传媒娱乐行业

传媒在生活中不可或缺，国内有 5000 亿元以上的市场规模，大致可以分成新闻出版、广播电视、网络游戏、数字阅读、营销广告、影视院线、互联网视频等细分板块，有着各自不同的特点。

（1）新闻出版

报纸、杂志等传统纸质媒体正在走向衰退，市场趋于萎缩。书籍出版年均增长率在 10% 左右，毛利率在 20% ~ 30%，50% 以上依赖教辅材料的刚性发行，具有一定的行政地域性。从投资角度来看，新闻出版企业的成长性、盈利性都不太理想。

（2）网络游戏

2020 年国内网络游戏行业实现了 700 多亿元的营业收入，保持着较快的增长速度。从市场竞争格局来看，腾讯一枝独秀，2020 年占据了 54% 的市场份额，网易紧随其后，占据 15% 的市场份额，留给其他中小企业的市场空间比较有限。

从市场经营形态来看，消费者总是喜新厌旧，产品更新迭代速度很快，每年都有大量的产品诞生，能否成为"爆款"产品很难确定，产品的转换成本不高，处于自由竞争状态，企业盈利的持续性很难保证，表现为业绩起伏较大。

从行业发展趋势上看，随着精品游戏供给与需求的崛起，行业天花板正在抬高，研发门槛不断提升，只有技术过硬、实力强大的企业才能进入下一轮的市场角逐，行业资源逐步向头部企业集中，强者恒强的马太效应越发显著。

从投资角度来看，投资网络游戏就是要选择龙头企业，中小型企业的市场发展空间比较有限，逆袭翻盘的概率不高。

（3）广播电视

从商业运营模式上看，广播电视系统具有以下几个特点：一是相对于追求经济效益，首要的政治任务是做好党和人民的喉舌。二是受到现有体制的强大保护，在其所在的行政区域范围内，广电系统具有渠道垄断性、排他性。三是主要营业收入来源于通道费、落地费、广告费等，类似于收取渠道租金，具有地域垄断性。四是广电系统自身也在与时俱进，通过 IP 电视、节目点播等方式与互联网争夺市场，特别是在新闻、综艺、长视频等方面占据一定优势。五是受互联网竞争的影响，广播电视的收视率总体上呈下降态势。

从投资角度来看，尽管广播电视的成长空间不如互联网，但借助地域垄断性，其持续经营、现金流量、盈利预期等业绩表现比较稳定。

（4）数字阅读

近年来，以中文在线、掌阅科技、荔枝、云听、喜马拉雅等企业为代表的数字阅读领域快速发展。但从长期来看，这个行业市场容量不超过 100 亿元，行业发展依赖于版权内容的输出和 IP 衍生开发，从某种意义上属于出版物阅读方式的升级，市场规模相对有限。

（5）影视院线

影视院线可以分成上游的影视摄制和下游的影院。影视摄制实行项目制运营，对导演、演员的明星光环依赖性较强，影片能否取得良好的上座率存在较强不确定性，不可能每部影片都能够"爆棚"，经营绩效的稳定性、可预测性并不理想。

下游的影院可以看成是房地产的商业运营延伸，商业模式类似于酒店和商场，属于重资产投入项目，固定成本高，变动成本低，容易发生价格战，经营收入主要来源于票房收入，以及与影视公司的业务分成。从一些影院上市企业的财务报表来看，经营业绩不算太理想。

（6）互联网视频

互联网视频可以分成两类：一是短视频，二是长视频。以抖音、快手、小红书、西瓜视频为代表的短视频兼有社交、娱乐、营销等功能，近几年来快速生长而成为市场的热点。以爱奇艺、优酷、腾讯视频为代表的长视频增速放缓，产品严重同质化，市场格局呈现寡头态势，成长性方面不如短视频，且与广电系统存在收视替代效应。

8. 文化旅游行业

文化旅游涉及食住行游购娱等领域，属于劳动力密集型服务行业，市场规模虽然庞大但集中度较低，并且具有明显的季节性特征。从产业链角度来看，上游是航空、酒店、餐饮、休闲度假、免税购物、旅游景区等供应商，中游是传统旅行社、网上旅行社等分销商，下游是游客消费者。

上游的航空、酒店、休闲度假村等企业固定资产投资比重大，租金、建安成本、财务费用、固定资产摊销成本高，但变动成本比重较低，表现为高毛利率和较低的净利润率和投资回报率，这种资产结构导致经营方面很容易打价格战。餐饮处于自由竞争状态，市场竞争非常激烈。旅游景区可以分为自然景区和人工景区，前者具有垄断程度高、竞争压力小、现金流量好、难以异地复制等优势，但由于景区容量有限且景区价格受到价格管制等因素的制约，经营业绩增长速度并不快；后者具有资产投入重、开发周期长、可复制性强、容易模仿等特点，市场竞争相当激烈，很多企业经营绩效并不理想。免税购物受牌照紧缺因素的影响，可以称得上阶段性的稀缺资源，具有较好的投资价值，但如果日后牌照发放门槛降低，将与百货商场逐步接近。

中游的传统旅行社市场较为分散，缺乏规模经济效应，处于自由竞争状态，成长速度、盈利能力并不理想；网上旅行社可以理解为"互联网+旅行社"的概念，增长速度快，具有赢家通吃的垄断性。但近年来市场趋于饱和，增速持续放缓，已经过了投资的黄金时间。

9. 快速业务行业

物流有大件整运、零担、小件快速、冷链运输等多种形式，与交通事业密切相关，既有生产又有服务的性质，严格意义上讲不属于消费行业。只是其中的快速业务与生活需求紧密相关且不可或缺，所以才将其列入消费类行业，在此只谈小件快速业务。

国内快速企业主要有 EMS、顺丰、三通一达（中通、圆通、申通、韵达）、京东、百世、德邦等，国外企业有联邦快速、UPS 等。得益于下游电子商务的快速兴起，近年来快递行业增速在 10%~15%，企业资产负债率普遍在 50% 左右，属于重资产运营行业，毛利率普遍在 10%~15%，净利润率在 5% 左右。由于服务的可替代性很强，客户黏性较弱，所以整个行业的投资回报率相对较低。

（三）基本投资策略

消费类产品需求较为稳定，销售情况依赖产品、品牌和渠道，新公司、小公司很难有颠覆性机会。在投资上可以借鉴巴菲特的相关原则，即买快速消费品不买耐用消费品，买大不买小，买旧不买新，买垄断不买竞争，买简单不买复杂，买轻资产不买重资产。

从这些原则出发，消费类产品的投资方法也相对简单，就是投资那些有历史沉淀、规模巨大、能够轻资产扩张的行业龙头企业，而不介入那些新成立的、规模小的、重资产投入的、处于自由竞争市场的企业。

有些消费产品不只是局限于消费本身，更是代表了一种生活方式或情调。比如，茅台头顶着国酒的光环，代表着尊贵、成功的社会地位；星巴克咖啡代表着社会中产阶层的休闲生活。如果某家公司的产品具有这种特质，并且拥有自主提价权，能够实现一定程度的市场垄断性，就有机会成为一家伟大的企业，具有良好的投资价值。

七、金融行业领域

1. 行业分类与特点

金融行业不仅包括商业银行，还有保险、券商等"非银金融"。商业银行是一门有着十几倍杠杆率的资金密集型生意，主要依靠存贷款的利息差来获利，企业年均增长速度相对较低。银行股具有盈利比较稳定、股价波动小、股息分红高、估值相对较低等特点，滚动市盈率（TTM）通常在 10 倍左右。

商业保险是一个非常特殊行业，依靠保费收入与赔付概率的差价来获利。除了少数自有资金外，主要借用客户的保费进行有偿运营，其经营成败的关键在于对客户未来可能发生风险时的赔付承诺能否及时兑现，这不仅关系到投保者的切身利益，更是牵涉许多社会公众利益。保险股与银行股有许多相似的地方，在此不再重复阐述。

券商依靠经纪、承销和自营三种方式盈利，其中经纪是最主要的收入来源，也就是收取交易佣金。券商股的周期属性比较强，在牛市期间，股市相对活跃，交易比较频繁，经纪业务贡献巨大的盈利；反之，在熊市期间，交易额下降，券商的盈利也会相应萎缩。

2. 投资策略

银行、保险经营可预测性较强，是除了必需消费品之外第二个适合长期投资的行业，长期来看股价缓慢上涨，需要长期耐心持有。券商股的弹性较大，与股市大盘走势的吻合度较高，适合在熊市布局，在牛市获利减持，可以获得相对较高的投资收益，但在熊市期间将会受到较大的损失。

八、周期性行业领域

周期性产业是指和国内或国际经济波动相关性较强的行业，既包含钢铁、有色金属、能源、建材、农产品等大宗商品，又包括机械、船舶、汽车等工业产成品。这类商品自身价格及其企业股价的波动具有强烈的周期性特征，如同潮汐一样，涨潮时想不挣钱都难，落潮时想不亏钱都不行，让投资者又爱又恨。投资这类周期性股票的关键在于掌握价格波动的周期性规律，准确预测投资时机，把握投资节奏，可以说"择时比择股更重要"。

（一）周期性商品的属性

1. 顺周期属性

周期性商品的价格走势与宏观经济的复苏、繁荣、过热、衰退相对应，当宏观经济复苏和繁荣时，市场对这些行业的产品需求也高涨，产品价格一路上扬，这些行业所在企业的经营业绩就会明显改善，其股票就会受到投资者的追捧。当宏观经济衰退和低迷时，固定资产投资下降，对其这类产品的需求减弱，产品价格下跌，这类企业的经营业绩就会迅速下滑，股价也会相应地大幅回落。

2. 经济属性

大宗商品作为最常见和典型的周期性商品，既受到市场需求和供给关系的影响，又受到产业政策、地缘政治、战争、疫情等非市场因素的影响。

从需求角度来看，大宗商品周期的形成通常需要来自需求端的强大支撑。比如，中国大规模的"铁公基"和房地产建设，就会对钢铁、有色金属、水泥、玻璃等大宗商品形成强大的价格支撑。

从供给角度来看，受到诸多市场或非市场性因素的影响，供给弹性较大的商品具备较强的调节能力，使得商品急涨或急跌的形势难以持续，比如，以煤炭、原油为代表的能源类商品，相比于有色金属就具有更强大的供给调节能力。如果地缘政治危机、战争、疫情等非市场性影响因素发生在大宗商品的产区，就会破坏供给，再加上金融市场的投机炒作，短期内就会使价格产生大幅波动，但长期内不会改变商品价格波动的基本走势。

3. 金融属性

大宗商品与股市、楼市并称为资金的三大"蓄水池"，具有强大的金融属性。大宗商品作为基础性原材料，在大部分时间内供给和需求基本平衡，短期内价格的大幅波动更多地属于货币现象。比如，2020年疫情后全球主要经济体货币政策"放水"，美元大幅贬值，在全球极度宽松的货币环境下，大宗商品价格"水涨船高"。货币供应量增加，再加上夹杂其中的金融市场投机因素，非常容易催化商品价格上涨，但从投资角度而言，这是最具有吸引力的因素。掌握大宗商品的金融货币属性，把握好投资的时段，这是实现投资收益的最重要手段。

（二）大宗商品价格波动勾画

大宗商品类型众多，其价格波动受到市场供需、产业政策、金融政策、市场投机、气候条件等多重因素的影响。从简化影响因素的角度出发，分析大宗商品最近 20 多年的价格波动的历史数据，大体上可以勾画出价格变化的一些情况。

1. 大宗商品指数

通过 2000—2022 年共 22 年的大宗商品长期价格指数统计分析，可以直观地发现，大宗商品的价格指数与美元指数负相关，美元指数走强阶段价格下跌，美元指数走弱阶段价格上涨，呈现你强我弱、你弱我强的"跷跷板"效应。美元指数与基础利率相关联，大宗商品市场的价格指数在实践中比美元指数更具有弹性，2020 年 4 月至 2021 年 4 月两者的数据显示，弹性系数在 6 左右，即美元指数下跌或上升 1%，大宗商品价格指数上涨或下跌就有可能达到 5%~6%。美元指数就像一个杠杆，撬动并放大了大宗商品价格指数的波动幅度（参见图 6-4）。

图 6-4　大宗商品价格指数与美元指数的负相关性

美元指数与大宗商品价格指数反向互动的关系，具体可以通过表 6-1 得到更加直观而清晰的认识，从中发现内在的因果互动关系。

表 6-1　　　　　　大宗商品价格指数与美元指数互动的因果关系

时　段	涨跌	时长	因果说明
2002 年至 2008 年	上涨	6 年	美元指数持续走弱，2007 年底美国爆发"次贷"危机，紧急量化宽松，大宗商品价格指数急涨。
2008 年至 2009 年	急跌	1 年	美国"次贷"危机引发全球经济衰退，大宗商品价格指数冲高回落。
2009 年至 2011 年	上涨	2 年	美元量化宽松，危机后全球经济复苏，引发大宗商品价格止跌回升。
2011 年至 2014 年	高位震荡	3 年	三次量化宽松之后，美元指数处于弱势，大宗商品价格高位震荡略有下跌。
2014 年至 2016 年	下跌	2 年	美元停止量化宽松，开始加息走强，大宗商品价格下跌。
2016 年至 2020 年 4 月	低位徘徊小幅下跌	4 年	美元持续加息走强，大宗商品价格低位徘徊并小幅下跌。
2020 年 4 月至 2022 年 3 月	快速上涨	2 年	新型冠状病毒性肺炎疫情引发全球性货币量化宽松，疫情后全球经济复苏，大宗商品价格快速上涨。
2022 年 3 月至当前	下跌	1 年有余	美元大幅加息，美元指数迅速走强，大宗商品价格高位下落，还处于下跌过程中。

（1）美元指数变化

美元指数大体上呈现"10 年走弱、6 年走强"的周期性规律。1997 年美元指数开始走强，持续了 6 年时间，其间爆发了东南亚金融危机；2002 年之后，美元指数又开始走弱，2007 年底美国爆发了"次贷"危机，其间实行了 3 轮量化宽松（QE）；2014 年 10 月美联储宣布停止量化宽松政策，2016 年美联储又进入加息阶段，美元指数呈现走强趋势；2020 年新型冠状病毒性肺炎疫情的暴发打断了美元指数走强的势头，美联储实施了超级宽松的货币政策以刺激经济复苏，2022 年 3 月美联储开始加息，美元指数进入强势阶段。

从历史数据来看，美元的每一轮上涨或下跌都呈现一定的周期性，美联储集中加息或降息，美元指数阶段性走强或走弱是 4~5 年时间，大约每 2 年出现一次幅度在 5%~10% 的走强（上涨），大约每 3 年出现一次幅度超过 10% 的走弱（下跌），这段时间就是影响大宗商品价格大幅波动的集中时段，其余时间美元指数呈现高位震荡或低位徘徊状态，对大宗商品的价格波动影响相对较小。

（2）大宗商品指数变化

2002年以来，随着美元指数的走弱，大宗商品价格指数上涨。2007年年底美国爆发"次贷"危机，采取紧急性量化宽松政策，2008年大宗商品价格指数达到历史的高点。但好景不长，由于"次贷"危机的逐步缓和，以及对全球经济衰退的担忧，2009年大宗商品价格指数跌入谷底，历时约1年。2009年到2016年大宗商品指数经历了一个完整的周期，历时约7年，其中2009年到2011年2年时间快速上涨，2011年到2014年高位震荡，2014年到2016年又是2年时间快速下跌。2016年到2020年随着美元加息、美元指数处于高位，大宗商品指数呈现一个弱势徘徊的周期，历时约4年。2020年受到新型冠状病毒性肺炎疫情影响，包括美联储在内的世界主要经济体的央行集体量化宽松"大放水"，大宗商品价格指数迅速上涨走高。2022年3月之后，美联储开始加息缩表，美元指数走强，即使受到俄乌冲突事项的托举，全球大宗商品价格指数还是进入了下行通道。

从大宗商品价格指数波动情况来看，一个周期是4~5年，与基钦周期大致符合，其中快速上涨或下跌阶段大约在1.5年到2年的时间，这段时间也是最有投资价值的时段。

2. 能源

能源最具代表性的莫过于原油、天然气、动力煤。原油号称"工业血液"，中国是目前全球最大的原油进口国，2021年进口依存度达到72%，却没有国际原油定价权。从供给端分析，原油开采成本较低，并且全球供给产能过剩，供给端具有较强的调节能力，当油价超过50美元/桶后，页岩油就会增产，这意味着国际油价急涨的形势难以长期持续。从2002—2022年油价波动情况来看，快速上涨2~2.5年时间，上涨时间长于下跌时间，可以说是涨得慢而跌得快，其他时段投资价值相对有限，其价格波动走势大体上与美元指数负相关，理论上只要看美联储加息和降息的时间节点就能够大致把握住原油卖出和买入的时机。

天然气和动力煤的价格波动曲线与原油比较近似，大体上符合原油价格波动的基本规律。但与原油相比较，天然气的市场体量较小，价格弹性更大，体现为价格波动的曲线更加陡峭。动力煤主要用来发电，市场体量比原油更大，价格弹性较小，价格波动的曲线相对平缓，中国作为全球最大的煤炭生产国和消费国，煤炭价格在一定程度上受到政府的价格管制，与原油、天然气相比较，动力煤总体上价格波动较平稳。

从投资角度来看，天然气价格比原油价格更具波动性，更有利于波段性操作，更具有投资价值；而动力煤体量较大，价格波动幅度相对较小，且受到价格管制程度较大，投资价值相对有限。

3. 有色金属

有色金属就是"非铁"金属，可分为工业金属、贵金属以及小金属三大类。通常所说的有色金属一般是指工业金属，即铜、铝、铅、锌、锡、镍6种金属，其中铜和铝是市场规模最大、最具代表性的两个品种，成为市场的重点观察对象。

有色金属的价格波动取决于"金融属性+商品属性"的合力。金融属性体现于与美元指数负相关性，"弱美元+高通胀"环境导致价格上涨；反之，"强美元+低通胀"环境使价格下跌；观察有色金属价格波动的重要指标是采购经理人指数（PPI）和消费价格指数（CPI），金属价格与PPI指数和CPI指数呈正相关性。商品属性主要体现在市场供需方面，与全球经济的增长走势呈正相关性：经济形势良好时，下游基建、汽车、电力等行业快速增长，需求增加带动金属价格上涨；经济增长乏力时，需求萎缩导致金属价格下跌。

由此可见，有色金属的显著特征在于强周期性和高弹性。强周期性表示行业景气程度与宏观经济运行状况保持高度一致性；高弹性意味着金属价格的上涨或下跌导致企业经营业绩的大幅提升或下滑，从而在二级市场带动股票价格的上涨或下跌，价格快速上涨时间大约可以持续1.5年至2年，这也是最具有投资价值的黄金时段。

4. 钢铁

钢铁作为黑色金属的主流品种，主要用于下游基建、房地产、汽车、机械、造船等行业。中国是世界上最大的钢铁生产国与消费国，钢铁的涨落周期与有色金属有一定的正向相关性，但由于钢铁市场规模非常大，且受到政府的价格管制和调控，价格波动幅度相对较小。

钢铁价格快速上涨时间较短，只有 1.5~2 年时间，震荡时间和下落时间远长于上涨时间，受到大规模基建与房地产开发增速放缓的影响，钢铁价格较难出现大幅上涨的行情。

5. 黄金

不同于铜、铝等工业金属，黄金的金融属性远大于工业属性，货币价值远大于实用价值，可以当作终极货币来看待。黄金的主要需求包括首饰需求、工业需求、投资需求和官方储备，而黄金首饰需求在黄金总需求中所占比重一直都在 50% 以上，传统上黄金首饰消费需求增加一般会成为黄金需求的旺季。

影响黄金价格的因素有几项：一是实际利率，黄金作为一种非增值资产，其价值很大程度上取决于实际利率，即名义利率减去通胀率（CPI 指数），通胀程度越高，意味着实际利率可能是负值，黄金价格就会居高不下。二是美元指数，黄金价格与美元指数呈负相关，美元加息和美元指数上涨，意味着金价下跌；反之，金价上涨。三是避险因素，俗话说"盛世藏古董，乱世买黄金"，天下越不太平，黄金就越有价值。

近几十年来，黄金价格总体上持续温和上涨，说明美元的实际价值在持续下跌，金价快速上涨或下跌时间为 2~3 年，低位徘徊 3~4 年，高位震荡 1~2 年。从长期走势来看，投资黄金这种不付息的资产可以做到避险和增值，但长期持有的收益情况并不理想，投资收益率不如那些银行、保险、公用事业等类似于高级债券的股票。

6. 水泥

水泥作为重要的建材，下游主要的需求就是"铁公基"建设和房地产开发，既与中国工业化、城市化的进程相关，又与宏观经济和政策紧密相关，具有强大的周期性。

水泥具有周期性、区域性、季节性、生产灵活、不易储存这五大特性，从

2003—2022 年国内水泥价格波动情况来看，水泥价格指数整体表现稳步向上，经历了四轮周期：第一轮周期的顶点出现在 2007 年 11 月，第二轮周期顶点出现在 2011 年地产需求高峰期，第三轮周期顶点出现在 2015 年 2 月，第四轮周期顶点出现在 2019 年底 2020 年初水泥行业景气度高峰期。水泥价格的周期性波动情况表明，水泥与下游房地产、基建的需求紧密相关，每个周期历时 4~5 年。

7. 农产品

农产品品类繁多，从中选择大豆作为经济作物的代表，玉米、小麦作为粮食作物代表，生猪作为畜牧业的代表展开周期性价格波动分析。

（1）大豆

大豆主要用于压榨食用油、食用、饲料等，豆粕是养殖业重要的饲料。从供给角度来看，2020 年全球大豆产量达到 36205 万吨，前三强分别为巴西、美国和阿根廷，中国大豆产量 1960 万吨，全球占比为 5.4%。

从消费需求来看，中国是全球最大的大豆消费国。2017—2020 年中国大豆消费量已连续四年超过 1 亿吨，2020 年我国大豆消费量 11985 万吨，同比增长 12.5%，占全球大豆产量的 33%，自给率约为 16%。

大豆作为农产品，具有明显的季节性，遵循农作物的生产规律。每年 10 月北半球大豆集中上市由此产生一个季节性的供应高峰，从而使价格达到低点。随着消费的稳步攀升和库存的减少，5~6 月份青黄不接，出现价格的高峰期。7 月份随着南半球大豆的到港，价格又会出现一个相对的低点。

从大豆价格波动曲线来看，20 年时间大致经历了 4 个周期，基本上符合 4~5 年一个周期的特性，上涨和下跌时间各约为 2 年，下跌时间略长于上涨时间。大豆的价格周期变化与能源、有色金属、钢铁相比较，共性是受到美元指数强弱变化的影响，特性是必须符合农产品生产的客观规律。

（2）玉米

玉米不仅可以满足口粮和榨油需要，同时也是养殖业主要的饲料来源。从生产供给情况看，2020 年美国占全球产量的 40% 以上，中国占了近 20%，巴西大约占 9%，欧盟占 5.7%。

从需求情况看，美国和中国既是玉米的主产国，也是主要消费国。玉米直接或间接用作饲料部分至少占70%以上，饲料是玉米消费的第一大户，而生猪养殖行业是饲料玉米消费的第一大户。

玉米价格波动具有很强的季节性，与玉米的生产周期紧密相关。每年9~10月新玉米收获上市，价格处于底部。年底至春节阶段，肉类的需求逐渐增强，饲料消费需求的增长明显，玉米进入消费旺季，春节前后玉米价格一般走势较强。5~6月份新玉米尚未上市，库存玉米消耗殆尽，玉米价格会达到一年的最高价位。

玉米的周期性表现与大豆较为相似，快速上涨和下跌时间在2年左右，只是波动的幅度略小一点，这可能与玉米粮食作物的属性相关，价格上受到更多的管制和补贴。

（3）小麦

小麦是世界第一大粮食作物。世界最重要的几个生产国为中国、美国、俄罗斯、加拿大、澳大利亚、乌克兰等国家。中国作为世界上最大的小麦生产国和消费国，2020年产量超过1.3亿吨，占全球总产量的17%左右。中国对小麦的需求强劲，仍需要进口小麦缓解国内部分供给压力，美国、加拿大、澳大利亚是我国小麦进口的三大来源国。

受宏观经济形势及粮食总供求关系影响，小麦价格的一个波动周期为4~6年，并且表现出明显的季节性波动规律。每年6~7月冬小麦上市，9~10月春小麦上市，小麦价格出现低点，然后价格逐步上涨，到了4~5月青黄不接时，价格达到全年高点，随着冬小麦上市，价格又有所回落，如此循环往复。

小麦作为农产品，与玉米、大豆价格的周期性变化有一定的相似性。作为全球第一主粮，价格波动幅度相对平稳一点，可能更多地受到各国政府的价格管制和补贴的影响。

（4）生猪

中国是全球最大的生猪生产国和消费国，猪肉是中国居民最重要的肉食来源。猪肉生产和消费在国内副食品中处于重要地位，并且受全球猪肉价格波动的影响较小，很大程度上呈现独立的市场行情。

自2006年以来国内经历了4轮猪周期，一个猪周期大约历时4年，由两个低点完成筑底，筑底阶段一般 1 年左右，具体情况如图 6-5 所示。同时，猪肉价格波动具有一定的季节性，由于临近春节消费旺季，每年 12 月份直至春节期间上涨概率最大，价格涨至年内高峰；春节之后肉价开始下跌，3~5 月份是消费淡季，价格跌到年度低谷。

图 6-5　2006 年至 2022 年国内 22 个省市猪肉价格波动情况

通过对 2006 年之后国内 4 轮猪周期的历史数据分析，一个正常的猪周期内价格上涨时间是 15~24 个月，涨幅在 100% 以上；下跌 30 个月左右，跌幅在 50% 上下；涨跌幅度成正比，即涨得越高，跌得越重，具体数据详见表 6-2。

表 6-2　　　　　　　**2006 年至今 4 轮猪周期价格波动的时段与幅度**

猪周期时间	上涨时段（月）	涨幅	下跌时段（月）	跌幅
2006 年 7 月至 2010 年 6 月	23	158%	25	49%
2010 年 6 月至 2014 年 4 月	15	111%	33	47%
2014 年 4 月至 2018 年 5 月	14	97%	34	50%
2018 年 5 月至今	33	262%	27	70%

与其他周期性行业类似，猪周期也是由阶段性供需错配因素所导致。从需求角度分析，猪肉的需求端呈刚性。如果猪肉价格上涨 100%，消费量不可能相应地减少 50%；反之如果猪肉价格下跌 50%，消费量不可能相应地增加 100%。因此，影响猪周期的核心因素在于供给，产能和库存的增减才是问题的关键。

如何判断猪周期已处于底部阶段，从而把握好投资机会？可以从以下几个方面进行分析：

第一，能繁殖母猪的存栏量。生猪出栏上市必须经历母猪受孕、妊娠、生猪育肥等环节，需要 13 ~ 16 个月的时间，在此期间很难调节产能。因此，能繁母猪存栏量代表着未来一年之后的市场供给状况，这是判断猪价涨落的重要指标。

能繁母猪的合理存栏量是多少呢？从绝对值来看，2021 年农业农村部提供了一个重要参考值，全国能繁母猪正常保有量稳定在 4100 万头左右，最低保有量不低于 3690 万头，相当于 90% 的水平。从相对值来看，能繁母猪存栏量同比下降 10% 左右，至少要下降 5% 以上，这才意味着产能供需开始失衡。

第二，生猪存栏量。这个指标直接决定了现实的库存量和供给量。

第三，猪粮比。生猪养殖 70% 以上的成本来自饲料，而饲料的主体是玉米，猪粮比就是生猪出栏价格与玉米价格的比值，这是衡量生猪价格水平的重要指标。生猪养殖行业盈亏平衡点的猪粮比约为 6∶1，猪粮比低于 5∶1 则意味着养一头亏一头，进入行业性亏损阶段；猪粮比达到 9∶1 意味着猪价进入高位，养殖利润丰厚；猪粮比在 12∶1 左右意味着市场进入狂热状态，由盛转衰的拐点即将出现。

第四，生猪价格。通过专业财经网站可以查询到生猪现货价格和期货价格。当猪周期进入底部阶段时，无论是出栏的商品猪，还是仔猪、种猪、能繁母猪，所有猪种的价格全部下跌无一幸免。商品猪出栏价格意味着当前养殖企业的盈利能力和现金流水平；仔猪价格代表着养殖企业当前的补栏积极性，反映了未来半年的市场预期、存栏数量和供给状况，间接影响种猪和能繁母猪的价格和保有量；种猪、能繁母猪的价格体现了养殖企业对于未来一年或更长时间的市场供需预期，直接关联到种猪和能繁母猪的存栏数量，进而影响市场的产能供给。

第五，行业经营数据。通过专业财经网站可以获取生猪主要养殖企业的经营数据，大体上反映了整个行业的经营业绩。俗话讲"千做万做，赔本生意不能做。"如果全行业连续经营性亏损 6 ~ 12 个月，资金压力迫使养殖企业去库存、去产能，基本可以认定处于周期性底部阶段。

从股票投资角度而言，把握好周期性节奏是投资成败的关键。首先要观察生猪养殖企业的 K 线图，从最近一轮猪周期的股价高点持续下跌至少 2 年以上，这段时间就是行业去库存、去产能的市场出清阶段。其次要结合以上所述的 5 项指标进行综合分析，判断股价是否处于周期性的底部阶段。然后采取少量、多批的方式逐步建仓，发现股价上涨的趋势之后再大幅加仓，在 1.5 ~ 2 年的时间内享受股价上涨的收益，这段时间大致符合能繁母猪存栏量所代表的产能供给能力。由于生猪行业具有较强的季节性，一般在春节前后猪价达到高点，同时也是股价达到高峰的抛售时间。

（三）大宗商品价格波动规律

1. 与美元指数负相关

大宗商品的价格周期性波动受到市场供需、产业政策、金融政策、市场投机、气候条件等多重因素的影响，其价格指数最直观地体现为与美元指数的负相关性：美元指数走强阶段价格下跌，美元指数走弱阶段价格上涨，呈现你强我弱、你弱我强的"跷跷板"效应，而且大宗商品价格指数比美元指数更具有弹性，美元指数就像一个杠杆，撬动和放大大宗商品价格指数的波动幅度。

2. 一个周期是 4~5 年

大宗商品价格指数变化的一个周期是 4 ~ 5 年，与基钦周期（库存周期）大致符合，其中快速上涨或下跌阶段大约为 1.5 年到 2 年的时间。这就意味着大宗商品最有投资价值的就是快速上涨的 1.5 年至 2 年时间，高位震荡和低位徘徊阶段都缺乏投资价值，前者意味着高风险低收益，后者则有损资金的时间价值，增加时间成本及不可预测的风险。

3. 农产品的周期性更为显著

相对于能源、有色金属、钢铁等矿产品、工业品，农产品生产必须符合动植物的生长周期，其周期性规律更为显著，一般表现为 4~5 年一个周期。如果进一步分析，受农产品生产和库存周期的影响，畜牧业（动物）的周期性比种植业（植物）表现得更加明显，原因在于动物养殖的生产转换成本要比植物种植的更高，供给的刚性更强。从季节性角度来看，种植业（植物）比畜牧业（动物）的季节性特征更为显著、更有规律，原因就在于植物春种秋收的季节性表现更加突出。从政策调控和价格管制角度来看，经济作物比粮食作物受到的影响小，表现为价格波动幅度更为显著，价格弹性区间更大。

（四）基本投资策略

前面内容阐述了大宗商品自身价格的周期性波动规律，如果要具体落实到大宗商品相关企业的股票投资事项，则需要把握好以下几项策略：

1. 把握好商品价格和股价的联动关系

大宗商品的价格波动与相关企业的股价波动呈正相关性。美元指数处于弱势、货币政策量化宽松、刺激性的产业政策等因素都将刺激宏观经济的复苏、繁荣，甚至是过热，从而导致大宗商品需求的增加及价格的上涨，大宗商品供给企业无论是预期收益还是现实利润都会得到提升，从而刺激股价的上涨。反之，大宗商品需求不振导致价格下滑，拖累企业的经营性收益，导致股价下跌。

值得注意的是受到资本市场高流动性因素的影响，大宗商品经营企业的股价基本上与商品的期货价格、现货价格同步波动，而商品价格涨跌对于企业经营业绩的影响需要从季报、年报中得以体现，一般会比股价的表现滞后 3~6 个月，即股价往往会提前 3~6 个月体现。比如，2020 年 4~5 月份有色金属价格与股价开始上涨，而同期有色金属生产企业的经营业绩表现却不尽如人意，2022 年 3 月份之后，有色金属价格与股价迎来拐点从高点全面回落，而企业全年的经营业绩表现却是相当出色，单纯根据经营业绩安排投资活动就会做出错误的决策。因此，投资大宗商品经营企业的股票必须考虑到股价波动与业绩表现之间的时滞性，适度做好提前规划。

2. 结合股市大盘的走势

投资大宗商品企业的股票，说到底还是投资股票而非商品本身，不仅要观察大宗商品价格的周期性波动情况，还需要看股市大盘的脸色，这就涉及以下两种情况：

第一，同向共振。如果大宗商品价格涨跌与股市大盘涨跌同步，就会产生共振效应，成为最有投资价值的时段。比如，2008 年大宗商品牛市和 A 股大牛市同步，钢铁、煤炭、石油、有色金属等大宗商品企业的股票成为当时的明星。再比如，2020 年为抵御新型冠状病毒性肺炎疫情对经济的冲击，世界主要国家的货币政策纷纷转向量化宽松，在宽松的货币政策刺激下，大宗商品和股市牛市同期。

第二，异向对冲。如果大宗商品价格涨跌与股市大盘涨跌不同步，就会产生对冲效应。股票价格是涨还是跌就取决于哪个因素更强大，但一般来讲，股市大盘走势占据着主导地位。比如，2015 年上半年 A 股大牛市，而大宗商品价格处于下跌区间，但这些企业的股价仍然上涨。2018 年国内 A 股出现非理性下跌，尽管大宗商品价格处于弱势上涨阶段，但这些企业的股价还是受到大盘的拖累，表现得不尽如人意。

因此，从投资大宗商品企业股票的策略来看，需要遵循两个不可或缺的步骤：一是要判断好大宗商品的上涨或下跌周期性时段；二是要评估股市大盘的走势，第二个步骤更为关键。只有两者的有效结合，才能找到比较准确的交易时点。

3. 择时重于择股

投资周期性商品企业的股票择时重于择股。如何把握好大宗商品企业股票的投资时机？需要采取以下几个步骤：

（1）确定商品周期性波动的时段

影响周期性商品价格涨跌的因素太复杂，很难精确分配影响因子的比重并且制作估值模型，最简便的办法就是运用历史数据进行推测。借助专业财经网站，可以得到拟投资大宗商品最近 10 多年的价格波动 K 线图，分析该商品周期性波动的年限和规律，大致判断其当前所处的周期性阶段，上涨阶段适合建仓做多，下跌阶段适合减仓做空。

（2）参照美元指数预测价格转换时机

上文已经提到，大宗商品大多为国际定价，与美元指数呈负相关性，所以美元指数就是一个预测价格转换时机的重要参照物。

从理论上讲，只要看准美联储的加息和降息时间节点就可以大致把握大宗商品企业股票的投资时机。美联储开始加息，美元指数由弱走强的节点大体上就是卖出大宗商品企业股票的时间；反之，美联储开始降息，美元指数由强走弱的节点大体上就是买入的时间，最有价值的持有时间大约是 1.5 至 2 年。从这个规律和逻辑推理，2020 年 4 月大宗商品价格开始上涨，到 2022 年 3 月随着美联储加息，理论上大宗商品价格将见顶回落，下跌时间的长度则要看美联储加息时间而定，大约到 2024 年或 2025 年大宗商品价格跌至低谷。当然，这只是针对大宗商品的概貌，如果涉及具体的商品，就要对该商品的价格进行分析和推测，以求把握相对准确的投资时点。

（3）结合股市大盘的走向选择时机

如果商品价格与股市大盘同步上涨，就会产生大宗商品企业股价的大牛市；如果两者不同步，就会产生对冲现象。周期性商品的企业股价表现为一荣俱荣、一损俱损的现象，上涨时鸡犬升天，下跌时泥沙俱下。因此，投资这类股票优先考虑择时，其次再考虑择股。

4. 缺乏长期投资价值

无论是大宗商品的自身价格，还是经营这类商品企业的股票价格，从长期来看呈现箱式震荡格局，缺乏长期投资价值。一般呈现 1~2 年涨和 2~3 年跌的情况，如潮汐一般潮涨潮落，像四季轮回一般寒暑交替，只适合周期性投资和波段性操作，而不适合长期持有。如果踩准时间节点，就可以获取较丰厚的投资回报；一旦踩错时机，理论上将面临好多年被套的不利局面。

第七章　企业精选策略

行业研究是为解决选择赛道的问题，企业研究就是挑选选手的问题，需要落实到具体的投资标的，是一个从面到线、从线到点的落地过程。当前，国内 A 股市场仅沪、深两个主板市场就有 5000 多只股票，再加上创业板、科创板、北京证券交易所、中小板、新三板的上市企业，可以选择的范围相当宽泛，可谓是浩如烟海。如何从中精选到理想的投资标的？良好的投资理念、有效的选择方法、扎实的基本经营面、优秀的财务表现、内生的成长潜能等就成为必不可少的因素。

一、企业选择理念

从本质上讲，投资股票就是买入企业的股权，分享企业经营成长所带来的红利。投资者既然是花钱买企业，就要买入经营良好、成长迅速、潜力巨大的优质企业，就要买得物有所值或物超所值，能够带来长期的稳定收益。

什么是优质企业？企业界达成的共识就是具有成长快、潜力大、收益稳、价值高、风险小等特征的企业。从投资者角度来讲，谁都希望自己所投资的股票高成长、高收益、低风险，是个基业长青的大牛股。既然投资的方向、目标已经明确，那就应当从浩如烟海的股票中进行统筹考虑、综合评估和精准挑选。

二、企业选择方法

1. 行业龙头企业

行业内有句话叫作"数一数二，不三不四"，意思是说行业内头部企业具有较高的知名度及市场占有率，排名靠后的企业逐渐被边缘化。行业龙头企业都是在市场竞争中逐步形成的，龙头企业的抗风险能力、成长发展能力要强于其他小企业，这是产业界的基本共识。选择行业龙头企业，特别是具有行业垄断性、寡头性企业，就是为了确保成长性、稳定性，降低风险性、不确定性。从投资角度来看，行业垄断性、寡头性企业是比较理想的投资标的，可以分享垄断性收益。

如何找到行业龙头企业？有以下几个要点：一是在行业横向细分市场中去寻找，凡是容量最大、增速最快、门槛最高的细分市场，就有可能出现龙头企业。二是在产业链上下游纵向环节中去寻找，凡是拥有核心资源，具有较高壁垒、利润率最丰厚、可以支配和控制产业链其他环节的关键性企业，就可能成为龙头企业。三是看行业市场占有率，市场占有率最大、品牌知名度最高的往往就是龙头企业。

2. 成长型企业

企业的生命周期分为初创期、成长期、成熟期和衰落期，投资于不同生命周期的企业，获得的投资回报效益有天壤之别。

高新技术行业、新型医药行业最理想的投资标的是处于成长期的公司，已经脱离了初创期的危险，业绩开始大幅成长，有机会获得丰厚的经营性利润和投资性利润，这就是创业板、科创板企业的估值普遍高于主板的原因。处于成熟期的企业，增长速度放缓，逐渐变成一个传统企业，投资的价值就会大大弱化。

互联网企业有着强大的生态垄断性，消费类企业的核心竞争力在于产品、品牌和渠道优势，都需要时间的沉淀、市场的验证。因此，这两类企业不仅在成长期，成熟期也是非常理想的投资阶段。

如何判断企业处于成长期？大致可依据以下几个方面：一是要看行业细分市场的容量及企业的增长速度，如果处于一个大容量的细分市场中，并且近年来年均增速保持在20%以上，可以认为是成长型企业。二是要看核心产品的市场份额，如果市场占有率已经很高，即将碰到行业天花板，意味着进入了成熟期；如果市场占有率较低，业绩增长还有较大的空间和潜力，意味着处于成长期。三是要看新产品、新技术的储备情况，是否具有第二次、第三次大幅增长的潜能。四是要看企业的并购和重组策略，能否找到新的经济增长点，出现第二次、第三次增长曲线。

3. 轻资产化运营企业

轻资产公司最基本的经营特征是企业的人力、物力、财务、技术开发、设备投入、厂房建设等成本支出远低于营业收入的同步增长幅度，企业在少量的成本费用支出后会引发更大规模的收入增长，并且可以将增加的收入大部分转化为净利润。一个重资产公司，为了获取收入增长，需要大量的固定资产投资，固定资产摊销、财务费用、人工成本等费用就会吞噬经营收入增长带来的毛利润，无法形成净利润的有效增长。

比如，互联网、传媒企业的主要成本包含硬件设备投入、软件开发、人力成本等费用，但随着用户数量的扩大，边际成本并不同步增加，市场规模可以无限扩大，运营成本却可以相对锁定。反之，汽车、家电制造企业要扩大业务规模，前提是扩大资本支出，先花钱购置厂房设备、建生产线、培训员工，生产出来的产品能否销售出去还不得而知，这类企业的盈利能力就存在较大不确定性。

判断一个企业是否能够轻资产化经营，关键要看其业务扩张的依赖因素。如果一个企业的业务扩张只要依靠输出技术专利、知识产权、管理模式等无形资产，投入和产出之间存在明显的规模经济效应，少量的成本费用支出会引发更大规模的收入增长，就能够做到"以虚控实"，进行内涵式增长，而不是单纯依靠土地、设备等固定资产巨额投入进行外延式扩张，这类企业就符合轻资产化运营标准，具备增长速度快、经营风险小、投资收益率高等优良特征，就是比较理想的投资标的。

4. 产业链较短的企业

为什么要投资产业链较短的企业？就是在于这类企业经营环境比较稳定，不依赖很复杂的供应链，当环境发生动荡时不至于受到太多的牵连和波及，发生风险的概率较低，从而增加确定性，减少不确定性。比如，食品、饮料、日化、农业等行业的企业受到上游供应商的制约较小，即使需要变更上游供应商也相对简单，风险相对更加可控。

反之，在一个复杂的较长产业链中，无论是产业链的上游还是下游出现了问题，都将不可避免地影响被投资企业的经营活动。比如，家电、汽车、机械等企业的经营状况不可避免地受到上游零部件供应商、下游最终客户、宏观经济政策环境等因素的影响，不确定性因素多就意味着较高的经营风险。

5. 受管制较小的企业

一般而言，管制有几种类型：一是价格管制，比如粮食、食用油等涉及社会安定的战略性物资，以及煤气、电力、电信、石油等公用事业，虽然具有较大的市场垄断性，但产品价格受到政府管制，不在自由竞争之列。二是资质管制，比如生产麻醉药品、精神药品、危险产品、军工产品等需要特许经营资质的企业，其市场销售、应用范围、商品定价就会受到政府严格监控，尽管某些企业经营业绩表现良好、资产质量优异，但是发展的空间相对有限。三是技术管制，比如某些高新技术产品涉及国外的专利使用、特许经营等核心技术，或者高度依赖国外的关键零部件、原材料、工艺设备，如果难以突破技术瓶颈实现国产替代，关键时候就会被"卡脖子"。

无论是哪种形式的管制，只要是企业会受到较大的管制，缺乏自主经营权、定价权、发展权，就不能算是理想的投资标的。

6. 专业化企业

古语说"商道酬信、业道酬精"。企业按经营范围的差异有专业化和多元化之分，专业化企业将资源集中于某一细分领域，具有较高的行业知名度和市场占有率，细分市场的竞争能力往往强于多元化企业。提到某一类产品，就会想到该领域的龙头企业，甚至该企业就代表着某一类行业或产品。比如，提到家用电器就会想到美的、格力、海尔，提到锂电池就会想到宁德时代，提到美酒就会想到贵州茅台。

多元化企业的资源配置比较分散，行业的知名度、影响力相对较弱。在品牌、渠道、技术、工艺等资源共享方面紧密相关的称为相关性多元化企业，有利于发挥资源的协同效应；产业之间缺乏相关协同性，单纯只是财务性联系，属于跨界经营，称之为非相关性多元化企业。多元化企业的优势可以利用多种经营分散风险，获取多个领域的收益，但劣势是不利于产业聚焦，在某一细分市场的竞争能力往往弱于专业化企业。

从投资角度来看，优先选择专业化企业，其次才选择多元化企业，可以考虑相关性多元化企业，尽量回避那些非相关性多元化企业。

7. 股权结构稳定的企业

企业股权结构稳定、相对集中有两大优势：一是可以减少企业的内耗，避免因股权分散、内部制衡过多而造成决策效率低下。二是避免被人在资本市场举牌，控制权之争将使企业的持续经营受到挑战，投资者的利益受损。

如何判断股权相对集中、结构稳定？一般来讲有几个标准：一是控股股东的持股比例在 20%~30% 或以上；二是前 10 大股东的持股比例不少于 50%；三是主要股东以创始企业或创始个人为佳。如果主要股东是基金公司、信托公司、证券公司等金融投资机构，这类投资者更加关注短期收益，对于抛售股票有着更高的概率，造成股价的大幅波动，给投资活动带来诸多不确定性。

8. 管理水平优秀的企业

俗话讲管理出效益，管理是过程，效益是结果。虽然投资活动更加关注企业的业绩成果，而轻视其管理过程，但只看结果不问过程往往难以得到理想的结果。如同农民种地，春种、夏耘、施肥、除草等田间管理活动不可或缺，否则很难在秋天获得丰收。

如何才能有效判断一家企业管理水平的优劣高低？大致有几项评估内容：一是企业核心领导者是否具有远大抱负、实事求是的工作态度；二是发展战略的思路、路径是否清晰；三是商业模式是否具有可持续性；四是战略竞争方式的选择是否合理；五是对待员工、股东、客户等利益相关者的态度；六是是否具备团结协作、艰苦奋斗等优秀的企业文化；七是运营制度、工作流程、风险管控机制等管理体系是否健全。

没有调查研究就没有发言权。想要了解现象背后的本质，就必须通过实地调研考察，才能得到更多的直观认识。虽然看上去似乎有点虚，实施起来费时费力，但却是做好投资工作不可缺失的环节。

三、具有又宽又深的"护城河"

1993 年巴菲特首次提出"护城河"理论，"护城河"本质上就是企业的核心竞争力，一种稀缺的、难以模仿、难以替代的优秀能力。护城河带来的核心竞争力就是定价权，当企业拥有定价权时，就足以应对市场的各种变化，占据着市场的主动权，而竞争者也会因缺乏足够的竞争力而不敢轻易进入这个市场。

（一）"护城河"的表现形式

1. 无形资产

无形资产是不具备实物形态但可以为企业带来经济效益的资产，一般是指技术专利、商标、品牌、特许经营牌照等权利和资产。值得注意的是，只有企业具有自主定价权，能让消费者为此长期付出溢价的无形资产，才能形成有效的护城河。比如，茅台酒顶着国酒的光环，一瓶茅台酒足以让整桌菜肴身价倍增，让宾主深感脸上有光，愿意为此支付比其他酒水更高的价格，这就是品牌造就的护城河。再比如小米手机，该品牌属性主打性价比，只能作为与其他手机的产品区隔，消费者不会为此付出品牌溢价，这就不具备护城河效应。

不同的行业具有各自的无形资产。半导体、5G 通信等高科技产业依靠技术和专利；食品饮料、日化品等快速消费品依靠品牌和渠道；石油、有色金属、采矿等行业依靠自然资源；金融、军工、免税商场等行业依靠政策牌照和特许经营权。在投资活动中，对于不同类型的无形资产属性需要区别对待。

2. 转换成本

转换成本无处不在，表现为客户黏性强、顾客忠诚度高、用户转换成本高等特征，大多发生在金融、软件、电信等服务领域，快速消费品行业的转换成本相对较低。比如，一家企业用惯了某家公司的 ERP 软件，即使另一家公司的 ERP 产品更加便宜，也不愿意冒着经营数据丢失的风险更换 ERP 软件。一个普通消费者，一般都不会愿意更换手机号码或电信公司，原因就在于更换了号码之后要通知各位联系人，更改与银行、保险等机构绑定的手机号，为了避免高昂的转换成本，干脆不更改手机号码和运营服务商。但是寄快递就完全不同，选择哪家快递公司具有很大的随意性，深层次原因就在于快递服务高度相似，转换成本极低，或者说根本不需要考虑转换成本的问题。

3. 网络生态

网络生态多发生在互联网、传媒行业，用户的数量越多，流量越大，生态圈越广泛，其价值就越高，护城河就越宽、越深。除非具有颠覆性的产品优势，否则就很难挑战现有网络企业的市场优势地位。

比如，微信是当前国内用户数量最多的社交网络平台，这并不意味着其他企业没有能力开发出类似功能的社交软件，而是用户的家人、亲戚、朋友、同学、同事等社会关系都在微信的朋友圈里，微信还联结着诸多生活服务 App 软件，换个网络平台会造成诸多不便。这种生态圈一旦形成，用户的转换成本就极为高昂，如同一条护城河有效地阻隔了竞争对手的入侵。

4. 成本优势

对企业自身来讲，成本优势天然就是一条宽阔的护城河，基本上可以分成四种类型：

第一，新型商业模式优势。比如，传统经营方式进化为"互联网+"的模式，采用外包、合作开发等轻资产化运营模式，上下游企业抱团形成排他性商圈模式等。当企业利用新型商业模式建立成本优势，而同行企业无法迅速复制这种模式时，企业就会获得暂时的先发优势。但同时必须看到商业模式不具有专利保护权，当同行企业逐步学会这种商业模式时，先发企业的竞争优势就会减弱，"一招鲜"并不意味着就可以"吃遍天"。

第二，优越的地理区位优势。比如，针对一些物流运输企业，通江达海、交通便利就是其先天性优势，可以有效降低物流成本；一些农产品、中药材、食品、酒水企业则依靠当地独特的气候、土壤、水质等天然优势，生产出极具地域特色的高质量、低成本的优质产品，成为地理标志保护产品，这种优势难以异地复制且无法替代。

第三，独特的资源优势。比如能源、矿产、化工企业就依赖当地的自然资源，在资源枯竭之前具有极强的优势，尤其是那些稀有矿种，更是难以替代。

第四，规模经济效应。比如钢铁、石油、化工等行业具有越大越经济的规模效应，一旦某些企业达到了一定的生产规模，生产成本就会显著降低，议价能力就会提高，也就具备行业主导权成为行业龙头企业，如同一道壁垒将竞争对手挡在外面。

5. 创新能力

基于传统的视角，护城河来源于无形资产、转换成本、网络生态和成本优势这四项因素，帮助企业掌握定价权，获得竞争优势，占据行业垄断地位，产生良好经济效益。

人们总是习惯性认为竞争越少越好，垄断产生超额利润。但是企业一旦具备了垄断地位，缺少了竞争对手，是否还有足够的动力持续创新？许多事实证明，没有了外部竞争的压力，企业随之消失了创新的动力、成长的活力。正如慈母的溺爱无法成就伟男，补贴和垄断造就不了伟大的企业。

必须清醒地认识到，传统的护城河理论是静态的且具有生命周期，而现实的竞争环境却是长期的、动态的、开放的，所有的品牌渠道、技术专利、知识产权、网络生态等竞争优势都不足以构成真正的护城河。世界上只有一条护城河，那就是企业家持续不断的创新精神，这才是永远不会消失的护城河。

如何理解动态的护城河？最重要的原则就是要以用户和消费者为中心，洞察和理解市场的需求变化，用最高效的方式和最低的成本持续创新，不断创造新的价值，否则护城河就会非常脆弱。所谓的护城河，不能简单地用深浅宽窄来描述，而是要运用动态的视角，从市场发展新方向、新趋势的角度加以评估。只有意识到企业只有持续创新能力这个动态护城河时，投资者才能真正理解企业创造价值的本质。

（二）"护城河"的误区识别

在现实投资活动中，根据护城河理论选择行业和企业，很难遇到完全满足护城河理论要求的所有条件的企业，即使有这样的企业，股价已经涨得很高了，投资工作处于两难的境地，有时不免会陷入以下几个误区。

第一，优质产品不等于护城河，稀缺的、难以替代的产品才更具有价值。比如，扫地机器人是一款非常优质的产品，但很快就会有其他家电企业涉足其中，以后将面临激烈竞争的"红海"状态，产品线单一的企业在长期将很难有所作为；而茅台酒作为极具地域特色的优质产品，即使其他地方出产的美酒品质也相当出色，但也难以替代茅台酒的市场地位。

第二，企业的绝对规模大并不等于护城河。理想的投资标的不在于绝对规模的大小，而在于某一行业特定细分市场内相对规模最大的龙头企业，只要这个市场和产品的生命周期够长，规模空间够大，就会拥有长期可持续的投资价值。

第三，明星企业家不等同于护城河，高效的经营管理体系才是护城河。在当前的商业环境中，企业控制权的变动、管理层的变动、核心人员的去留犹如家常便饭经常发生，将企业的整体安危系于明星企业家一个人身上，本身就是一件极具风险的事情。成熟的管理团队、高效的运营体系、优秀的商业模式才是企业持续成长的动力之源，才是保持稳定经营的中流砥柱，才是基业长青的坚强柱石。

(三) "护城河"的具体指标

以上所述总结出了护城河的表现形式，以及较大可能出现护城河的行业，如果把视角下沉到微观企业层面，就可以比较清晰地观察到护城河优势具体表现在以下几个方面：

首先是盈利性指标。企业的首要任务是要盈利，在等量的资本投入情况下，拥有宽阔护城河的企业一定具有较高的毛利率、净利率、净资产收益率（ROE）和投入资本回报率（ROIC），获取更高的投资回报效率。

其次是市场议价能力。强有力的定价权、议价权是核心竞争能力的外在表现，实力强大的企业在行业中占据主导地位，有利于占用上下游企业的资金，体现在较高的市场占有率、较多的预收账款、较少的应收账款等一些方面。在行业内评估企业的议价能力时，可以选择行业内相对规模较大、市场占有率较高的龙头企业作为参照物。

最后是现金流指标。现金流是企业持续经营的保障，也是盈利质量的体现。对于那些具有很宽护城河的企业来讲，能够依靠内生增长来维持运营所需的大部分现金，营业收入的变现能力很强，而无须依靠外部融资，表现为较低的资产负债率、较高的经营性现金流入净值、充沛的自由现金流量。

四、优秀的财务表现

优秀的企业都有不俗的财务表现，虽然财务表现只是反映了经营的结果，却能够体现出经营的质量。如何评价一个优秀的企业？无非就是盈利能力强、成长速度快、资产结构优、运营效率高、经营风险小、现金流量充沛等几个方面。

（一）盈利能力强

盈利是企业经营的首要任务，是获取经营利润、实现资本增值的能力。最常用的三个指标是净资产收益率（ROE）、毛利润率、净利润率。

1. 净资产收益率（ROE）

净资产收益率（ROE）＝净利润÷净资产。简单地说就是每投入 1 元股本能给投资者赚多少钱。根据杜邦分析法，净资产收益率可以拆解成净利润率、总资产周转率、杠杆率，可以看成企业盈利能力、营运能力、杠杆情况多个角度构成的综合性指标。

净资产收益率是巴菲特最重视的财务指标，净资产收益率能常年稳定持续在 20% 以上的企业都是优秀的企业，经营业绩不会糟糕，可以考虑买入。从实践情况来看，优先考虑连续 3 年以上 ROE≥20% 的企业，一般不能低于 15%，ROE≤10% 以下的企业则不予考虑。

2. 毛利润率

毛利率最重要的意义就是代表着产品竞争力，在同一行业内，毛利率越高意味着企业的竞争力就越强。一般而言，企业毛利率起码要在 30% 以上，否则就没有多少投资价值，毛利率很低的公司，成本控制稍有不慎就可能亏损，缺乏降价的空间，经营风险很大，不是一个优良的投资标的。从投资角度来看，毛利率长期稳定在 40% 以上甚至高于 50% 的企业才具有长线投资价值。

3. 净利润率

净利润率代表着企业控制成本的能力，起码要在20%以上甚至更高的企业才有投资价值，否则很容易导致经营性亏损，给投资活动带来风险，影响投资收益。

如果发现公司的毛利率水平大于50%，而净利率小于20%，说明该企业的财务费用、管理费用、营销费用过高、运营效率偏低，或者是负债率过高，或者是管理效率较低，或者是市场销售渠道不通畅，这些因素侵蚀了大量毛利润。

（二）成长速度快

体现企业成长速度的常见指标是营业收入增长率、净利润增长率、扣非净利润增长率。营业收入增长率代表企业规模增长速度；净利润增长率既表示盈利成长性，也代表着经营的质量；扣非净利润增长率则是扣除非经常性损益后净利润的增长速度，之所以要扣除诸如投资损益、政府补贴、处置长期股权资产的损益等企业正常经营损益之外的一次性或偶发性损益，就是这种损益会影响对企业真实经营能力的判断。

普遍认为营业收入增长率、扣非净利润增长率越高，企业越有发展潜力，越有高成长性，市场前景越好。

对于高新技术、新型医药等新兴行业的企业来讲，营业收入增长率、净利润增长率起码连续3~5年都要持续稳定在20%以上，甚至更高水平，否则就会因成长性过低而缺乏投资价值。

对于消费类、医药类等传统产业来讲，营业收入增长率、净利润增长率也要多年保持在15%左右，低于10%的企业就不用考虑。

一般而言，净利润增长率一般和营业收入增长率是基本同步的，两者相差过大说明经营情况不太正常，最好不要投资这样的企业。如果净利润增长率远远大于营业收入增长率，有可能是虚增利润，或者是非经营性收益大幅增加，或者是产品价格大幅上涨等原因；如果营业收入增长率远远大于净利润增长率，有可能搞倾销或销售业绩造假，再辅助观察应收账款增长速度和经营性现金流量数据，就可以大致做出评估结果。

（三）资产结构优

资产结构反映的是企业债务与股权的比例关系，在很大程度上决定着企业的偿债、融资和盈利能力，主要财务指标表现为资产负债率和流动比率。

1. 资产负债率

资产负债率＝总负债÷总资产。这个财务指标代表着企业长期偿债能力，其临界点一般不超过50%，高于50%理论上意味着资不抵债。从投资角度来看，资产负债率当然是越低越好，高新技术企业最高不要超过40%，而那些消费类、医药类等周转率较高的企业最好不要超过30%，否则就会加大经营风险，影响投资收益。原因有以下几点：

第一，资产负债率意味着财务杠杆率的高低程度，是区分轻资产化经营和重资产化经营模式的重要指标，轻资产化经营模式受财务杠杆影响较小，经营业绩相对稳定，抵抗市场不确定因素的能力较强。

第二，资产负债率过高意味着企业的财务费用较高，偿债能力降低，影响企业进一步融资的能力。

第三，从投资角度来看，投资股票就是投资企业，任何投资者都希望用同样的资金买入更多的净资产而不是债务，资产负债率过高，意味着净资产的含金量受到稀释。

第四，影响企业的盈利能力。在相同的净资产收益率条件下，轻资产企业的盈利能力要比重资产企业更强大。假设企业 A、企业 B 的总资产规模都是 100 亿元，企业 A 轻资产运营，资产负债率是 20%，企业 B 重资产运营，资产负债率是 60%，如果两个企业的净资产收益率（ROE）都是 20%，企业 A 的净利润需要达到 16 亿元才能达成目标，而企业 B 只要 8 亿元净利润就能满足要求，这就是资产负债率较低的轻资产化企业更具有投资价值的原因所在。

2. 流动比率

流动比率＝流动资产÷流动负债。这个财务指标用来衡量企业流动资产在短期债务到期以前可以变为现金用于偿还负债的能力。流动比率越高，说明企业资产的变现能力越强，短期偿债能力亦越强；但如果流动比率过大，表明企业资产的流动性过高，将会影响获利能力。

一般说来，合理的流动比率在200%左右，表示流动资产是流动负债的2倍，即使流动资产有一半在短期内不能变现，也能保证全部偿还到期的流动负债。

（四）运营效率高

运营能力用于评估企业的经营效率，一般采用应收账款周转率、总资产周转率、存货周转率、预收账款比率这几个指标进行衡量。

1. 应收账款周转率

应收账款周转率=销售收入÷平均应收账款净额。应收账款周转率越高越好，周转率高表明赊账越少，收账迅速，账龄较短，资产流动性强，短期偿债能力强，可以减少坏账损失。反之，说明运营资金过多呆滞在应收账款上，发生坏账的概率大，影响正常资金周转及偿债能力。一般情况下，该数值要保持在300%左右或以上。

2. 存货周转率

存货周转率=营业成本÷平均存货净额。这个指标反映了企业销售效率和存货使用效率，是体现企业供、产、销平衡效率的一种尺度。如果企业经营顺利，存货周转率越高，说明企业存货周转得越快，企业的销售能力越强。运营资金占用在存货上的金额也会越少，可以提高企业的变现能力。

3. 总资产周转率

总资产周转率=销售收入÷总资产。这个指标体现了企业经营期间全部资产从投入到产出的流转速度，反映了企业全部资产的管理质量和利用效率。一般而言，该数值越高，表明企业总资产周转速度越快，销售能力越强，资产利用效率越高。

4. 预收账款比率

预收账款比率=预收账款÷销售收入。预收账款比率较高，说明该企业在行业细分市场中占据强势地位，客户向其购买产品或服务需要先交预付款，订单比较饱和。但预收账款比率也不是越高越好，一般不要超过20%，数值偏大说明有可能不能及时完成订单任务。

（五）现金流量足

现金流对于企业来讲好比是人体内循环的血液，充沛的现金流量意味着企业的盈利质量和安全边际。企业的现金流分成经营性现金流、投资性现金流和融资性现金流三大类，其中最应当关注经营性现金流。

1. 经营性现金流

从经营性现金流角度评估一家企业经营状况的质量，主要用到以下几个指标：

第一，经营性现金流量净额必须大于0，即必须为正数。如果该指标持续几年都为负数，说明该企业一直在亏钱，故事讲得再好也没有什么用。如果该指标虽然为正数，但主要是因为应付账款、应付票据的增加所导致，说明该企业大量拖欠供应商的货款，商业信用都顾不上的企业，背后可能意味着资金链即将断裂。

第二，经营性现金流量占营业收入的比重保持在90%以上，如果达到这个数值，说明该企业专注于主营业务经营，收入主体来源于经营性活动，这也是投资者希望看到的结果。

第三，盈余现金保障倍数。这个指标是企业经营性现金流量净额除以净利润的比值，反映了企业当期净利润中现金收益的保障程度，真实地反映了企业收益的质量。一般而言，当企业是盈利的，即净利润大于0时，该指标应当大于1。该指标越大，表明企业经营活动产生的净利润的可靠性较高，具有一定的派现能力。如果这个指标非常接近于0，即经营性现金流净额远远低于净利润，则企业有利润造假的嫌疑。

2. 投资性现金流

投资性现金流入表示企业有大量的资金来源于出售资产，这说明或者是企业在进行资产结构调整，或者是企业经营业绩不佳，依靠变卖资产维持生计，很可能是开始衰退的信号，可以通过非经营性收益进行综合验证。

投资性现金流出说明企业在购买固定资产、无形资产，或者在进行对外投资兼并收购，如果投资性现金流出连续几年高于经营性现金流量净额，说明该企业是在持续借钱投资，可以通过资产负债率的变化加以验证。

如果投资性现金流量净额持续几年大于 0，出现正数，说明出售资产多于对外投资，该企业或者在进行资产结构调整，或者是业务在收缩，出现了衰退迹象。

如果投资性现金流量净额持续几年小于 0，出现负数，说明对外投资多于出售资产，该企业或者在扩大经营，或者在进行大规模对外投资。

3. 融资性现金流

融资性现金流入主要包括增资扩股、发行债券、银行贷款得到的资金等，融资性现金流出主要来自发放现金股利、归还贷款本金、股票回购等支付的资金。

如果融资性现金流量净额持续几年大于 0，出现正值，说明企业在大规模融入资金，需要扩大生产规模；或者是经营状况不佳，需要外部融资来维持企业正常运转。

如果融资性现金流量净额持续几年小于 0，出现负值，则有正反两种情况，需要具体分析：一是说明企业在减少负债、发放股利和回购股票，这有益于增加股东价值，这是投资者乐于见到的状况；二是意味着银行不看好这家企业的盈利能力和信用评级，不愿意继续贷款了，企业可能面临资金链断裂的风险。

（六）综合性评估

以上从盈利能力、成长速度、资产结构、运营效率、现金流量五个方面综合评估和衡量企业的经营状况及长期价值。如果再进行聚焦，可以重点关注盈利能力和成长速度这两个指标。

1. 成长性和盈利性的组合

巴菲特提出了一个著名的"长坡厚雪"的理论，意思是说在一个长长的坡道上，如果雪又厚又湿，就很容易滚起一个大雪球。从这个理论出发，"长坡"可以理解为两层意思：一是时间长，即企业及其产品的生命周期很长；二是空间大，即可供企业成长的市场容量很大，应用范围很广。"厚雪"可以理解为盈利能力，利润率越高意味着雪层越厚，利润率越低表示雪层越薄；"雪球"滚动的速度可以看作是企业的成长性，雪球滚动速度越快意味着经营业绩增长速度越高。以成长性和盈利性作为两个维度，可以形成四种组合方式：

（1）高成长性和高盈利性

一个企业既高速成长又利润率很高，市场应用前景广阔，好比是既有长长的坡道，雪层又相当厚，雪球滚动的速度很快，短时间内非常容易滚起一个大雪球，这种企业肯定是优先选择的对象。比如，某些半导体企业，净利润率在40%以上，年均成长速度在50%以上，如果市盈率修正值（PEG值）在1左右或更低区间，无疑是优先之选。

（2）高成长性和低盈利性

光伏、风电、新能源汽车等某些高新技术企业的成长速度很快，年均复合增长率可以达到30%以上，净利润率在10%左右，资产负债率往往在50%以上，属于重资产投入的企业。这类企业的长坡表现在市场空间和容量方面，净利润率不高意味着雪层较薄，高成长性代表着雪球的滚动速度较快，虽然每滚动一圈所增加的雪量（利润）不多，但由于雪球滚动的速度很快，短时间内也足以滚起一个大大的雪球。

在投资实践中，由于这类企业增长速度较快，想象空间广大，财务表现优越，往往会成为各路资本竞相追捧的对象。一旦市场容量趋于饱和，企业增速放缓，失去了高成长性，这类企业就会沦为普通企业。

（3）低成长性和高盈利性

消费类、医药类的某些传统企业年均增长速度在10%～15%，净利润率在30%以上，甚至可以达到50%，产品的生命周期很长，现金流量和盈利能力可以较为清晰地预测。好比是坡道很长，雪层很厚，虽然雪球滚动的速度并不快，但每滚动一圈所增加的雪量（利润）相当惊人。这类企业最典型的例子莫过于贵州茅台、五粮液等白酒企业，只要有时间的积累和沉淀，就一定能够滚起一个大大的雪球。

（4）低成长性和低盈利性

股市中的大多数股票就属于这种类型，所处坡道的时间和空间均缺乏想象力，雪球滚动的速度并不快，增加的雪量又有限，显得较普通和平庸，这类股票就没有多少投资价值。

从股票投资角度来看，第一类股票理所当然地成为优先选择的对象。第二类股票属于一定时期内的短跑冠军，应着眼于其高速成长性，一旦过了高速成长期增速放缓，就会从明星股票沦为普通股票。第三类股票属于长跑冠军类型，虽然短期爆发力不足，但适合于长期持有。第四类股票非常平庸，缺乏投资价值，不如袖手旁观为妙。

2. 重视经营基本面

天下任何事情都是有因有果并且因果轮回。财务表现优秀说明该企业经营状况良好，管理水平较高，市场竞争能力较强。行业板块有轮动效应，资本市场更青睐风口而缺少耐心，站在风口上猪都能飞上天，运气来了门板都挡不住，跟着资金风口跑的关键是能踩准时间节点，把握好投资时机。可问题是谁也无法精准预测下一个风口在哪里，下一个轮动的行业板块是哪个。如果没有踩准时点，不是高位被套，就是漫长时间等待解套，这种赌资金风口、赌板块轮动的投资方式失败概率将远远大于成功概率，结果一定是得不偿失。

从价值投资角度来看，还是要重视企业经营基本面，重视财务数据表现。如果有幸站在风口上就可以获得丰厚投资收益，想不赚钱都难；即使暂时没有等到行业板块轮动的风口，那就跟随企业共同成长，实现资产的升值，这样才能进可攻，退可守，进退自如。

3. 全方位评估

财务指标是评估企业价值、挑选投资目标的重要工具，虽然按这些财务指标未必能够选到最好的企业，但一定能够规避诸多的风险，选择到经营业绩良好、比较理想的投资标的，不太可能选到糟糕的企业，不会犯很大的错误。这也符合与企业共同成长、分享经营红利的长期价值投资的基本理念。

当然，股票就如同人一样，不可能完美无缺，面面俱到既不现实，更无法操作。因此，选择投资标的也不能机械地照搬、照套财务指标，而是需要对多个财务指标进行综合评估，找到一个最佳的平衡点，选出相对优质的投资标的。

第八章　择时掌控时机

要想取得理想的投资业绩，不仅要买对股票，还要买得便宜，捂得长久，卖得高价，这就涉及选股和选时的问题。以上的行业研究、企业研究解决了选股的事项，接下来就要解决选时的事项，应当把握以下几个要点。

一、估值合理

买股票就是买资产，即使是再优质的股票，也要有一个合理的价格，高位被套无论是在心理上还是在投资收益方面，都会造成一定的损失，即使是输了时间不亏本金，也会影响资金的使用效率。如何以较低的价格买入优质的股票，做到物有所值或物超所值？这就需要进行合理估值，一般可以用以下几种方法。

（一）绝对估值法

经常听说某某公司市值几百亿元、几千亿元，这种市值就属于绝对估值，用来衡量企业的价值，通俗来说就是该企业值多少钱。绝对估值法通常用自由现金流模型（DCF）来贴现计算，但由于预测未来现金流量存在一些客观困难，以及确定内涵报酬率（IRR）有着一定的主观随意性，两者的稍许变化就会导致估值的巨大差异，况且股市自身存在很大的波动性，因此绝对估值法只能在理论上进行估算，实际操作中使用频率并不高。

（二）相对估值法

相对估值法是用市净率（PB）、市盈率（PE）来衡量企业估值的高低。估值的本质就是定价，贵与贱本身就是一个相对的概念，因此相对估值法是资本市场上最常用的估值方法，具有简单有效、直观方便的特点。

1. 市净率（PB）

市净率＝股价÷每股净资产。市净率代表着股价中所含有的净资产数量，比如某股票的市净率数值为5，表示股价是净资产的5倍，即股价中只有1/5才是净资产。市净率高意味着股价贵，净资产含量少；市净率低说明股价便宜，净资产含量多，股票含金量高，边际安全性高。

从投资的角度来看，正常情况下市净率一般不要超过10倍，否则可能买得比较贵了。高新技术、新型医药企业由于具有品牌、技术、专利等一块很大的无形资产，而这些重要资产的价值无法在市净率中体现，所以市净率可以适当提高一些；农业企业由于生产效率较低，必须遵从植物或动物的生长周期，尽管需求弹性较大，但供给却呈刚性，所以市净率一般不要超过5倍。

2. 市盈率（PE）

市盈率＝股价÷每股净利润。市盈率是估值中使用最普遍的指标，代表着收回投资成本所需要的时间。比如，某股票的市盈率数值为20，表示股价是每股净利润的20倍，股价中只有1/20才是净利润，理论上需要20年才能收回投资成本。市盈率高意味着股价相对较贵，收回投资成本时间较长；市盈率低说明股价相对便宜，投资成本回收时间较短。

市盈率又分成静态市盈率、动态市盈率和滚动市盈率（TTM）。静态市盈率是用当前股价除以上 年的每股净利润，由于企业的经营状况每年都在不断变化，所以静态市盈率就会显得相对滞后。动态市盈率是用当前股价除以当年预估的每股净利润，由于预估值带有一定的主观性，并且与实际值存在一定差异，所以动态市盈率显得不太准确。滚动市盈率处在静态市盈率和动态市盈率之间，是用当前股价除以最近四个季度的平均每股净利润，既克服了静态市盈率时间相对滞后的缺陷，又解决了动态市盈率准确性不足的问题，兼具准确性和与时俱进的优势，最为贴近企业的实际经营状况，通常所说的市盈率就是指滚动市盈率。

一般来讲，如果股票市盈率在 20 倍以下，可以大胆买入，股价足够便宜，安全边际非常高；市盈率 20~30 倍的股票，一般可以放心买入，基本不会有太大的风险；市盈率 30~40 倍的股票有一定的风险，但风险相对可控，即使亏了时间也不会亏损本钱；市盈率 40~50 多倍的股票则要多加小心，注意控制持仓数量，密切关注市场行情，一不小心就可能成为接盘侠；市盈率 50~80 倍的股票就不要买入了，高位站岗如坐"过山车"，对于资金和投资心理的压力都很大；80 倍以上市盈率的股票一般都是卖出对象。

不同行业、不同企业的股票在市盈率方面有着各自的安全边际，不能一概而论，需要具体问题具体分析。少数高新技术、新型医药行业的龙头企业的市盈率可以适当高一些，40~50 倍的市盈率还会有较高的安全边际，经过研究之后还是可以考虑买入，市盈率 100 以上的则一般考虑卖出。消费类企业的市盈率 20~30 倍甚至更低才是买入点，30~40 倍就要多加斟酌考虑，50 倍以上一般是卖出点。银行、公用事业企业的买入市盈率一般在 10 倍以下，市盈率大于 15 倍的一般是卖出点。

3. 市盈率修正值（PEG）

市盈率修正值（PEG）＝滚动市盈率（TTM）÷净利润年均复合增长率。这个指标将企业的股价与成长性综合考虑，是评估股票投资性价比的重要参考值。比如，某只股票当前的滚动市盈率为 20 倍，近几年净利润年均复合增长率为 20%，那么这个股票的 PEG 就是 1。PEG 值越低，说明或者是市盈率低，或者是成长性超出预期，股票的安全边际越高，亏损的概率越小，获利的空间越大，投资的价值越高。在投资实践中，如果 PEG 值小于 1，说明市值被低估，具有很高的性价比；如果 PEG 值在 1.5 左右，说明估价没有高估比较正常；如果 PEG 值大于 2，就要驻足观望，多加权衡，以免高位被套。

通常而言，高新技术、生物医药等成长性较高股票的 PEG 都会大于 1，甚至在 2 以上，市场愿意给予其高估值。但从投资回报角度来看，PEG 值最好不要超过 2，否则就会缺乏性价比。比如，2022 年 5 月贵州茅台的市盈率在 40 倍左右，年均净利润增长率在 15% 左右，PEG 值为 2.7，估值明显过高；2012 年 11 月贵州茅台的市盈率最低跌到 9 倍左右，PEG 值为 0.6，投资价值非常显著，投资性价比极高。将滚动市盈率（TTM）和修正值 PEG 综合起来评估股票价值，就会得出相对合理的结论，避免太大的错误。

二、买入与卖出的时机

选对了相关行业和投资标的，并不意味着好的收益，还需要把握好买入和卖出的时机。通俗地讲，股票买卖就是从市场的非理性波动中寻找确定性机会，股票买入就是在变化中寻找优质的"便宜货"，股票卖出就是在动态中抛出"高价货"。在实践活动中，需要关注以下几个要点，进行全面考虑和综合性估。

（一）宏观经济周期及经济政策

宏观经济周期及经济政策对于股票价格的影响程度在前文已有比较详细的分析，在此只进行简要阐述。

1. 经济周期判断

按照逆向投资思维，在经济的衰退期和萧条期，股市通常比较低迷，这是大规模建仓的好时机，经济过热期和繁荣期，股市往往高涨，就是减仓、清仓的时机。如何判断宏观经济周期所处的阶段？可以从 GDP 增速、PMI 指数、CPI 指数、社会融资总量等这些指标进行分析。

2. 流动性松紧程度

股市的涨跌很大程度上取决于资金的流动，当政策开始实施积极的财政政策、宽松的货币政策意图刺激经济，降低基准利率、下调法定存款准备金率、广义货币供应量（M2）指数走高时，就是买入的时机。反之，国家经济政策开始从宽松走向紧缩，开始实施"去杠杆"的政策，经济政策的转向点往往就是股票卖出时点，特别是那些资产负债率较高、对于利率比较敏感的重资产投入行业，比如房地产、新能源、重化工等行业，最容易成为"去杠杆"政策的受损对象，而对于利率不太敏感的生物医药类、消费类行业，与宏观经济政策的关联度不太密切。

3. 行业政策

政府对行业的干预一般通过行业标准、出口退税、税收优惠、财政补贴等政策加以引导，凡是政府支持和鼓励的行业想象空间都比较大，一般会有较好的股价表现，可以作为买入的标的，这就是所谓的政策"风口"。反之，政策限制、去杠杆对象企业的股价难有突出行情，可以作为卖出的对象。

（二）股市大盘指数

巴菲特说过熊市是投资者的好朋友。每次碰到市场情绪犹如惊弓之鸟、股市非理性大跌的时候，都是理想的买入点，这就是通常所说的"不要浪费一次危机"。但这种机会实在太难得了，可遇而不可求，正常情况下3~4年时间才有可能遇上一次。如何判断股市大盘跌不动了，基本到底了，理想的买点出现了？可以从以下几个方面进行判断：

1. 时间节点判断

纵观A股上证指数和深证指数2003—2022年最近20年的表现，大盘指数的涨落呈现出几条规律：

第一，无论是上证指数还是深证指数，从来没有连续上涨超过3年，即大盘指数连续上涨3年之后，第4年大概率下跌。

第二，如果大盘指数年度跌幅超过20%，第二年大盘指数必涨。

第三，大盘指数从来没有连续下跌超过2年，即连续下跌2年后第3年大概率上涨。

第四，大盘指数经过3~4年就会出现一个低谷，基本符合基钦周期波动规律。

上证指数最近20年内出现过几个低位点：一是2005年7月的998点，二是2008年11月的1694点，三是2013年6月的1904点，四是2016年1月的2657点，五是2018年底的2440点，六是2022年4月的2863点。两个低位点相隔时间分别为40个月、55个月、31个月、37个月、40个月，其间出现过两个高位点，即2007年10月的6124点和2015年6月的5083点。如果按此时间节点进一步推测，上证指数下一个低价位点可能会出现在 2025 年下半年或 2026 年上半年，2027 年或 2028 年有可能会遭遇不可预测的重挫，即遇上 9～10 年一次的朱格拉周期的低点。

历史数据表明，大盘指数的涨落与基钦周期密切相关，合乎阴阳共生、对立统一的哲学理念，符合重阴必阳、重阳必阴的客观规律。如果在实际操作过程中忽视了时间因素而操之过急、急于抄底，就有可能效果不佳，甚至适得其反。

2. 重大突发事件

疫情传播、自然灾害等无法预料的重大突发性事件会对投资者的信心产生严重的打击，将导致股市的非理性下跌，只要这种事件不摧毁国民经济基础，不改变经济长远增长的预期，就是一个难得的买入时机。比如，受新型冠状病毒性肺炎疫情影响，2020 年 3 月份上证指数脉冲式地下跌到 2660 点左右，从投资角度来看，就是一个非常理想的买入点。

3. 交易金额

股市中最重要的两个表现要素就是价与量，股价代表着现在这只股票值多少钱，持有者是盈利还是亏损；交易金额意味着股价背后的主导情绪，在某种程度上可以帮助预判股价的变化。价与量两者密不可分，缺少其中任何一个指标，市场信息就会显得不完整。两者的有效结合可以帮助投资者预测大盘走势，选择合适的进场和离场的时机，从而降低投资风险，获得更高投资收益。

俗话讲"天量天价，地量地价。"交易金额反映了资金交易的活跃程度，在某种程度上代表着市场多空双方的交易情绪，量大则价高，量少则价低。只要场外资金在不断地流入股市，交易金额在持续放大，大盘指数将保持上涨态势；反之，场内资金在不断地流出，交易金额持续萎缩，大盘指数将是下跌的预期。

所谓的天量和地量并没有绝对的标准，结合当前的市场行情与实践经验来看，如果 A 股沪、深两市的日交易金额连续多个交易日维持在 5000 亿～8000 亿元或以下，股市大盘指数进一步下跌却没有交易金额的放大，则呈现地量地价状态，说明投资者信心不足，交易不活跃，大盘基本阶段性见底，买入的良机隐约显现。

反之，如果 A 股沪、深两市的日交易金额连续多个交易日维持在 15000 亿元以上甚至更高水平，股市大盘指数进一步大幅上涨却没有交易金额的放大，则呈现天量天价状态，说明场外资金没有连续流入，大盘基本阶段性见顶，卖出的信号开始出现。

4. 交易量的结构性变化

交易量的结构性变化往往蕴含着重要的信息，在观察交易量变化的时候，应当剔除散户带来的扰动，重点观察机构主力资金的动向，开户数量、公募基金、社保基金、大型机构的表现是值得密切关注的重要参考指标。

第一，开户数量、公募基金的动态。如果新闻报道开户数量大量增加，公募基金销售火爆，出现日光盘或限额购买的消息，说明场外有大量资金涌入，大盘指数短期内仍将上扬，但即将见顶，好比是进入了盛夏三伏天，离立秋天气转凉已经时日不多了，这时应当准备卖出股票。如果新闻报道公募基金大面积赎回的消息，大盘指数必有大跌，后市不被看好，应当考虑卖出股票，保住胜利成果。如果公募基金行情低迷，基金经理到处拉客户去开户，说明投资者信心不足，股市低迷，就是买入股票的良机。

第二，社保基金、大型产业投资基金的举动。这类政府型基金的行为是重要的参考风向标，社保基金每季度公布的持仓数据非常具有参考价值。如果这类基金大量抛售某一类行业的股票，说明该行业股价已经很高，后市不被看好；反之，如果这类基金大量买入某一类行业的股票，说明该行业股价相对较低，可以考虑适时建仓。对于个股投资者而言，社保基金出现在上市公司前十大流通股东中，往往会成为一个重大的利好信息，既意味着股价会相对稳定，不会大起大落，又说明股价还有上涨的空间。

第三，券商、保险等机构资金的行为。每日龙虎榜是跟踪机构资金动向的实用工具，龙虎榜的席位分为营业部和机构专用，营业部一般代表着游资和大户，往往追求短期的炒作收益；机构专用代表着基金、券商、保险等机构投资者，更倾向于买入和持有经营基本面良好的企业股票。如果机构专用席位在一段时间内持续大量买入，而营业部大量卖出，说明机构看好该股，对于投资者是个利好的信息；反之，如果所有买入、卖出席位都是营业部，而此时股价又处于高位，这个时候就需要格外警惕风险，可能是游资准备减仓了。

（三）板块轮动

板块轮动是股市中常见的现象，股价往往大起大落，显现"过山车"般的行情。比如，2020 年白酒、医药企业的股票表现非常亮眼，被业内戏称为"喝酒吃药"行情，2021 年 3 月之后股价大幅回调，2022 年 10 月股价才触底反弹，明星股票贵州茅台的股价从 2627 元下跌到 1333 元，跌幅接近 50%，这段时间投资这类板块的股票一般都会被套。2021 年股市明星是新能源汽车和锂动力电池，被业内调侃为"有锂走遍天下"，2021 年底股价达到顶峰，2022 年股价大幅下跌，至 2022 年底未有触底止跌的迹象。那些因为板块轮动而价格涨幅过度的股票，即使有着良好的经营业绩，但由于价值已被严重透支，需要一个价值回归的过程，即经济学所说的市场出清，需要一段时间消化众多被套牢的投资者，在此期间股价表现往往不佳。

1. 影响板块轮动的因素

为什么会出现行业板块轮动的现象？其背后推动板块轮动的影响因素是什么？下一次板块轮动的热点是什么？这些问题极其复杂，没有人能够做出准确的回答，也没有个人和数据模型能够精准地预测到下一个板块轮动的热点。但通过理论分析和经验总结，大致可以得出几项影响因素：

第一，外部宏观经济因素。主要表现为几个方面：一是体现时代性特征，必须要与宏观经济的发展阶段相适应，已过发展高峰期的行业再次伟大的概率较小，而代表着未来发展方向的新经济、新产业出现高光时分的概率较大。二是具有产业结构性特征，结合国际产业分工与中国产业优势的角度分析，先进制造业、高端服务业板块轮动的概率较大，普通制造业、低端服务业成为热点板块的概率较小。三是符合产业发展的战略性特征，满足产业升级、科技创新、进口替代等现实性需求。四是具有催化性特征，需要由相关产业政策、金融政策或主题事件触发足以引起各方高度关注的热点和焦点，以此成为推动行业板块轮动的催化剂。比如，2020 年新型冠状病毒性肺炎疫情引起生物医药板块的高涨；国际金融市场的超级量化宽松导致能源、金属、农产品等大宗商品产生周期性价格上涨而成为市场热点。这些外部宏观因素对于股市的影响在前文已做分析，在此只是提及而不具体阐述。

第二，行业内部条件。该因素主要表现为几个方面：一是该板块及其上下游相关行业至少具有上万亿元产值的市场容量，市场发展空间广阔，否则不具备足以推动板块轮动的巨大能量。二是产业技术相对成熟，具备较好的产业基础。三是该行业板块内企业众多，容易找到投资标的。四是能让广大投资者喜闻乐见，没有认知性障碍。五是当时整个板块估值较低，未来具有巨大的价值增值空间。

比如，健康中国概念使得包括药品制造、疫苗生产、体外试剂、医疗器械、诊疗服务、医疗美容等整个生物医药行业成为市场热点；碳达峰、碳中和主题促进了新能源汽车、锂动力电池、光伏、风电、储能等行业的快速成长，使之成为明星板块；数字中国概念关联到5G通信、光纤转输、半导体、电子元器件、设备制造、应用程序等多个硬件和软件领域，有可能成为热点板块。反之，区块链、元宇宙等概念受制于市场容量小、企业数量少、受众群体少、产业成熟度低等诸多不利因素的影响，只能成为市场短期炒作的话题，只有脉冲式的行情，而不能成为板块轮动的热点。

由此可见，针对板块轮动而言，外部宏观经济因素是诱因，行业内部条件是主导，外部因素通过内部因素发挥作用。两者只有在特定的时间与空间有机结合，才能形成推动板块轮动的巨大力量。

2. 把握板块轮动的投资时机

如何有效地把握板块轮动的投资时机？不仅需要洞察推动板块轮动的相关因素，保持高度的市场敏感性，还需要运用基钦周期理论，把握好4~5年一次的板块轮回时间和投资机遇。通常而言，一个板块的股票价格无论是从低谷涨到顶峰，还是从顶峰跌落至低谷，大约需要1.5年的时间，有可能延长到2年，但至少需要1年时间，其间还可能面临一段低位徘徊时间。掌握了时间规律，就非常有利于把握交易时机，具体操作方法如下：

第一，观察时段。把握板块轮动的机遇必须首先观察其股价的历史高峰点，一般要在这类股票高峰价位的1.5年至2年，至少要在高峰价位的1年之后才考虑开始建仓，这个时候市场已基本出清，股票的投资价值开始显现。

如果想在股价下跌阶段进行抄底，可以观察股价从高峰下跌的时间来大致判断所处的阶段，属于下跌的初期、中期，还是临近低谷的晚期？在股价下跌的初期和中期阶段，风险大于收益，应当袖手旁观，操之过急、过早抄底就意味着被深度套牢。在下跌的晚期收益大于风险，股价随时可能掉头而上，这个时段应当小幅度、多批次买入建仓，即使估计不准产生浮亏也是浅套，日后定有投资回报。

第二，精选标的。金子总会发光，沙子则不行，沙里淘金考验着选股的眼光。股票投资必须通过多方比较、综合评估，精选板块内的明星股票、优质股票作为投资标的，在低价位小幅度、多批次从容地买入建仓待股价上涨。由于当时股价较低而安全边际很高，即使遇上一段股价低位徘徊时期而产生小幅浮亏，也不影响投资大局，可以采用价值投资的方式分享企业成长的收益。如果有幸遇上板块轮动上涨的机遇，则锦上添花，享受"风口"带来的收益。

第三，持股待涨。一个板块的股票价格从低谷涨到顶峰，即从跌透到涨透，大约需要1到1.5年的时间，在此期间可以安然享受这段幸福美好时光，不应过早抛售离场，而是运用高抛低吸、短线操作手段不断降低持股成本，扩大投资收益。

如果想在股价上涨阶段进行加仓追涨，可以通过观察股价从低谷上涨的时间来大致判断所处的阶段，是属于上涨的初期、中期，还是临近高峰的晚期？在股价上涨的初期和中期阶段收益大于风险，应当建仓追涨，享受资产增值的收益。在上涨的晚期风险大于收益，股价可能随时面临下跌的拐点，这个阶段应当远离该板块的股票，避免不必要的经济损失和心理压力。

第四，落袋为安。当股价已从谷底上涨1年到1.5年，股价创出历史新高，价值被严重高估，各类股评分析一致看好这个板块时，则应当考虑选择股价冲高的有利时机大幅度减仓或清仓，落袋为安。接下来运用类似的方法去寻找下一个价值被严重低估的板块，从而再次踩准投资节奏。

第五，关注大盘走势。俗话说"胳膊扭不过大腿"，板块轮动效应必然会受制于股市大盘。双方同向运动时导致共振，产生板块的超级牛市或超级熊市；反向运动时产生对冲，使得板块轮动的效应不明显，或者改变板块轮动的节奏。

如果大盘行情整体低迷，即使某个板块处于上涨阶段，其上涨幅度也相对有限，轮动效应并不显著。如果大盘出现类似于 2007 年、2015 年疯狂上涨的亢奋行情，则所有板块不分良莠都会鸡犬升天；一旦大盘出现逆转从高位跌落，则所有板块会纷纷下跌无一幸免。因此，选择板块轮动机会就必须观察股市大盘的变化趋势，将其作为一个重要的变量进行统筹考虑。

（四）个股表现

买卖股票最终要落实到具体个股交易层面，个股的表现才是投资成败最为关键的因素。如何判断优质企业的股价基本见底，已经跌不动了，理想的买点出现了？可以从以下几个方面进行判断：

1. 偶发事件

只要是优秀企业，其基本经营状况并没有根本改变，当股票受到一些偶发的"黑天鹅"事件影响，导致股价大跌的时候，就是最佳的买入机会。这种"黑天鹅"事件一般有几种类型：

第一，由于股市大跌，受大盘的拖累，个股纷纷下挫，无一幸免。这种情况对于价值投资而言，就是一个天赐良机。

第二，行业受到一些事件的影响而遇上低潮。比如，2018 年 7 月长春长生生物公司曝出冻干人用狂犬病疫苗生产存在记录造假的丑闻，正所谓一只老鼠坏了一锅汤，该丑闻严重影响国民对于国产疫苗质量的信心，所有疫苗企业的股票都大幅下跌。从投资角度来看，行业危机正是买入优质疫苗企业股票的大好时机。

第三，企业遇到了一件倒霉的事情，导致价格大跌。这些情况都是可遇不可求的，如果有幸遇上就是极好的买入机会。比如，2012 年 11 月受塑化剂事件的影响，再叠加限制"三公"消费的政策禁令，贵州茅台的市盈率最低跌到 9 倍左右，就是一个极佳的买入点。

2. 历史低点

除去次新股、经营业绩不良等一些特殊的股票，一般认为当股价处于历史最低点，或者在最高价位的 50% 左右或以下水平，即股价跌到最高价位的 5 折甚至是 4 折、3 折、2 折的程度，这些股票的安全边际就很高，可以考虑择机买入建仓，即使估计不够准确，输了时间也不会亏损本钱。

3. 增持回购或减持套现

增持回购或减持套现具有重要的参考意义，体现了产业资本的动态。人们普遍认为增持回购是买入股票的时机。股票增持回购意味着三种情况：一是这家企业的股价处于相对低位，具有较大的升值空间；二是大股东对该企业的发展前景保持乐观；三是该企业经营状况良好，手中还有闲置资金可以买入自家股票。

反之，企业的主要股东，特别是控股股东、高级管理人员减持股票套现，被普遍认为是股票卖出的时机。股票减持套现说明三点情况：一是该企业的股价已经很高，股东减持套现；二是企业流动资金紧张，大股东需要减持套现来筹集资金；三是大股东对未来企业发展缺乏信心，有转移优质资产、掏空企业的嫌疑。

4. 企业重组

企业重大的资产兼并、收购、剥离等重组行为，代表着企业的生产规模、经营范围、商业模式将发生重大的变化，未来想象的空间比较大，往往会成为买入股票的信号。

5. "护城河"发生变化

坚持价值投资并不意味着持有 8~10 年或永久持有，股票也需要经常评估，如果出现企业出现重大经营失误、商业模式不可持续、出现颠覆性技术、未来成长空间有限、以往的"护城河"优势不复存在等问题时，或者发现更加优秀的投资标的时，就要果断减仓卖出，或者调仓换股。只有不断评估，持续优化，才能形成比较理想的持股结构。

（五）技术分析

技术分析在本质上就是揭示与顺应股价变化的趋势，即通过历史情况来推测未来走向，由此衍生出技术分析流派。K 线图可以说是最直观、最方便的一种工具，直观地体现股价的波动情况及发展趋势。股市有句俗话叫作"多头市场做多，空头市场做空，牛皮市场观望"。如果与技术分析相结合，那就是"不跳水不买，不冲高不卖，横盘不交易。"

1. 不跳水不买

"不跳水不买"就是等到股价连续大幅下跌时才是买入的时机，虽然未必买在阶段性的最低点，但至少安全边际较高，不会遭受太大的损失。

如果某股票在K线图上连续几周或几个月显示为下跌的绿色阴线，最后出现一个长长的绿色向下探针，仿佛是探海神针，随后显示出红色的十字星或红色阳线，这种图形表示该股票已达到阶段性的低点，随后将出现超跌反弹或盘面反转的情况，操作时往往成为抄底加仓的信号。

2. 不冲高不卖

"不冲高不卖"就是等到股价连续大幅上涨时才是卖出的时机，股价的阶段性顶点无法预测，但也可以赢得较为可观的收益。

如果某股票在K线图上连续几周或几个月显示为上涨的红色阳线，最后出现一个长长的红色向上探针，仿佛是一指擎天，随后显示出绿色的十字星或绿色阴线时，这种图形表示该股票已达到阶段性的高点，接下来就意味着股价即将下跌，操作时就要大幅度减仓逃顶，从而保住投资成果。

当股价连续下跌几周或几个月之后，在K线图上出现红色的十字星或红色阳线时，又可以考虑重新买入。在正常波动情况下，从经验上判断这个重新买入的低位点大约在这一波段起始低点与下落高点之间的中间位置，如果附近有先前股价跳跃性上涨或下跌的断点，即俗称的"缺口"，一般情况下会补上这一"缺口"，对此不应操之过急，静待补上"缺口"后再进行操作。

值得注意的是当股价从高点第一次下落时往往令人猝不及防，心理上缺少准备，误认为是正常波动或调整，当再次上扬第二次下落，K线图上呈现"M"形状时，则必须卖出股票以保卫胜利成果，第二波下落比第一波更有杀伤力，既可能是大盘从顶点回落，也可能是庄家在清仓出货。

3. 横盘不交易

"横盘不交易"就是在横盘时耐心等待趋势的确定性变化，如果股价出现上涨趋势再买入也不迟。有句话叫"久盘必跌"，横盘久了股价下跌的可能性更大，耐心等待股价跳水后再选择买入的时机。

4. 简要评价

由于影响股市波动的因素过于复杂，技术分析也存在着一定的局限性，它只是分析股价走向的重要工具，但不是唯一依据。根据 K 线图采取"不跳水不买、不冲高不卖、横盘不交易"的交易策略，在哲学上符合孤阴不生、独阳不长、阴阳共生的思想理念，在实践上遵循有涨必有跌、涨多了必跌、跌多了必涨的基本规律，在运作上采取"长线投资、短线交易"的操盘方式，可以进一步摊薄持股成本，扩大投资收益。

第九章　一级市场投资策略

在资本市场经常可以听到天使投资、A 轮、B 轮、C 轮融资的故事，现实中也有许多机构与个人参与投资一些未上市企业，这通常被称为一级市场投资。与二级市场相比较，一级市场的投资属性更浓，交易周期更长，盈利性更强，风险性更大。如何在一级市场中取得较好的投资收益？需要掌握其基本特点，并且遵循一些方法和策略。

一、市场特征和差异

（一）各自特征

1. 一级市场特征

一级市场投资一般是指投资那些未上市的企业，投资的目的既有财务性投资，又有产业性投资，常见的投资者多为投资银行、私募股权（PE）、风险投资（VC）等金融机构，以及一些实体企业和个人，有时还涉及企业间的兼并、收购和重组行为。通过投资活动，投资人变成企业的长期股东，以注资的方式让企业扩大经营，并在条件成熟时将企业推向资本市场 IPO 上市。

一级市场投资回报通常来自两个地方：一是赚取一、二级市场之间的估值差价，一级市场的估值一般只有二级市场类似企业的 3~4 成，通俗而言就是通过承担更高风险买到更廉价的股权，获取风险溢价；二是赚取企业经营规模从小到大的成长性收益，分享企业的经营性收益。

2. 二级市场特征

与一级市场相比，二级市场更为普通投资者所熟悉，一般是指股票 IPO 之后的交易市场，社保基金、公募基金、私募基金、券商、散户是主要的投资群体，投资的目的多为财务性投资，赚取股价波动的差价，也有一些投资者通过长期持有股票与企业共同成长，分享企业价值增值的收益。从某种程度上讲，二级市场是高频交易化的一级市场，将股权分成更小份额的股票，流动性更好，交易频率更快，交易时间更短。

（二）重要联系

作为资本市场的两个重要方面，一级市场和二级市场存在着千丝万缕的联系，主要表现在以下两个方面。

第一，互相依托。如果没有能够挣钱的二级市场，那么一级市场的投资谁来接盘呢？中国的一级市场赚钱是因为一级市场和二级市场存在较大的估值差，投资收益更加丰厚。但由于一级市场流动性较差，所以投资风险更大，一旦投进去就不容易套现，要么收益颇丰，要么血本无归。与之相对比，二级市场虽然波动性更大，但流动性极好，股价每时每刻都有反馈，投错了可以随时止损。

第二，互相承接。股票在一级市场卖出去后才能在二级市场流通，投资者才能在二级市场互相买卖股票。具体来讲，一级市场是企业本身将证券卖给投资者，这个交易款项将留在公司，促进企业直接融资。二级市场说白了就是投资者将股票倒来倒去的二手市场，企业只有通过减持、增发等手段才能套现，否则无论二级市场如何交易买卖，企业都不可能真正收到资金。

（三）主要差异

通过上述分析，一级市场和二级市场还是存在较大差异的。一级市场投资者要更懂企业，二级市场投资者要更懂行业；一级市场投资者要更重趋势，二级市场投资者更重时机。具体体现在以下几个方面：

1. 投资的属性差异

第一，一级市场投资更偏投资性，更接近产业投资。投资者愿意为被投资企业提供资金、技术、品牌、渠道、管理等各种资源，帮助企业解决困难，促进其快速成长。好比是父母对于孩子的培育，投资人往往带着非常高的期望值和回报预期。二级市场投资投机色彩更加浓重，投资者基本不会帮助企业去解决难题，以短期财务性投资居多。

第二，一级市场关注一个行业的发展，投资周期更长。投资人在生物医药、互联网、人工智能、网络通信等新经济领域表现得比较活跃，往往事前做了很多研究工作，会花费更多的精力和资源去辅导被投资对象，比较了解所投行业未来3~5年的变化，善于把握投资周期性节奏。二级市场更加关注投资的时机，通过事件性机会、股价的波段性涨跌以获得短期溢价。

第三，一级市场投资者目光更加长远，投资专业性更强。由于投资一级市场的资金才能真正直接给予企业，并且投资方在被投资企业中担任了重要角色，所以投资之前会花费大量时间做行业研究和尽职调查，对整个行业和所投企业的了解程度更深。二级市场的资金只是在投资者之间相互流转，由于存在着可以快进快出、随时变现的因素，投资者更加浮躁，调研较为简单，持股时间也相对更短，更加关注市场的动态，预测"风口"的动向。

2. 盈利性、风险性差异

一般来讲，一级市场盈利能力更强。由于一级市场存在着投资周期长、股权流动性差、套现速度慢等因素，所以被投资企业的估值也较低，一旦该企业IPO并上市，股价增长几倍甚至十几倍都是常有的事。这种价差既可以看成对投资者承担创业风险的补偿，又是投资者最为看重的收益。为何高瓴、红杉等国内一些著名的投资资本热衷于一级市场的投资，为何创业者热衷于企业IPO？其中原因就在于挣资本市场的钱。为何二级市场有"一盈二平七亏损"的说法，为什么炒股亏损者居多？因为钱早在一级市场就被别人赚走了。

任何生意都是收益与风险成正比，收益高也意味着风险大。不能是光看到别人吃馒头，也要看到别人吃苦头。一级市场不容易套现，一旦投资失误，很有可能血本无归，问题是任何人都不可能保证每个投资项目都能成功，谁都有看走眼、做错事的时候。二级市场的流动性相当强，股票持有的时间可短可长，随时都可以及时止损、套现离场，既然二级市场风险相对较低，收益就有可能比不上一级市场，一个明显的例子就是很少有股票跌破发行价，这也合乎经济学所说的收益与风险成正比的理论。

3. 研究深度差异

第一，一级市场研究的领域有可能是新兴领域，数据不易获取，股价不易评估；二级市场的企业定期披露公司信息，可比较的企业数量较多，数据相对充足，随时都能看到股价的涨跌情况。

第二，二级市场的投资研究比一级市场更加灵活，更加关注追踪企业的事件性机会，更容易捕捉到事件性机会（风口）带来的短期溢价。

第三，一级市场主要是以某个行业和企业作为研究和服务对象，每个企业的基本情况千差万别，因此对企业特征、商业模式、经营能力、管理水平、运营流程等业务细节的掌握就更为重要。二级市场主要以股票交易为主，除了需要研究行业特征、商业模式、财务表现等企业基本面之外，还需要关注政策风向、市场情绪及一致性预期。

第四，在寻找投资标的方面，一级市场更狭窄，二级市场更自由。一级市场的信息来源非常有限，项目投资信息往往需要行业内部人员的面对面接触和交流，需要有个投资圈子，投资者个人的交往能力、活动能力就显得相当重要，否则就很难获得有价值的信息。二级市场的信息来源非常广泛，通过一台电脑，就可以获得几乎无穷无尽的信息来源，如企业公告、企业财报、研究报告，以及各种新闻和信息，这些信息都可以用于投资决策参考。

二、明确投资战略目标

一级市场的投资活动不仅涉及财务性投资，还包括企业间的兼并、收购、重组等产业性投资行为。企业并购难不难？非常难，投资失败的概率很高。从麦肯锡、普华永道、毕马威等全球知名咨询公司的多个调查统计结果来看，全球范围内企业并购失败概率平均在50%~60%，即一半以上并购活动的最终结果不如预期。中国企业的投资并购失败概率大致也在这个区间，可能会更高，大部分投资并购一般在3年以后陷入各种困境，有相当多原本发展不错的企业都是因为一起大规模并购事件的严重不良后果而导致整个企业遭受重创，可谓是"一夜回到解放前"。为什么投资失败的概论这么高，并购活动会一错再错？原因相当复杂，需要全面分析，及时总结经验并吸取教训。

（一）投资并购的原因

为什么中国的企业家们热衷于在一级市场投资并购，并且低估并购的专业性和复杂性？主要的因素不外乎以下几点：

第一，过度自信。许多中国企业家从零起步、白手起家，把企业规模做到数十亿甚至几百亿、上千亿元市值时，基本上认为自己"无所不能"，骨子里觉得自己是经营之神，自认为是商业奇才，换个行业经营照样可以成功。投资并购没啥了不起，根本不在话下，不就是花钱买个企业然后派人接管经营，将现有制度、体系进行复制和移植吗？

第二，做大企业规模的冲动。很多企业家认为，世界 500 强绝大多数是通过兼并、收购发展起来的，在当前大部分行业产能过剩的背景下，投资并购是产业整合的王道，与新建企业相比较，通过并购的手段既能迅速进入新的市场或扩大规模，又能顺带消灭竞争对手。

第三，见不得资金留在账上。由于多年来的货币发行的速度远超 GDP 增长的速度，资金面临着贬值缩水的风险，所以认为必须尽快把手头的现金投出去，最好能加上杠杆进行投资并购。

第四，赶时髦追热点。中国最近 20 年创造了太多的创富神话，房地产、互联网、新能源汽车等行业都是造富的利器，产品刚刚上市或还仅仅停留在规划阶段，企业市值就可达到几百亿、上千亿元，一旦上市就会获得几十亿元、几百亿元的财富。比如，2022 年 6 月，比亚迪的市值直逼丰田汽车，位居全球汽车行业第三位；蔚来汽车的市值超过了宝马；恒大汽车虽然没有销售一辆汽车，市值却接近 7000 亿元。在各种造富神话的诱导之下，传统行业的企业家们自然不甘心落后于时代，开始追逐人工智能、云服务、区块链、元宇宙等可能连基本概念都不清楚的新兴产业，遇到这些领域的并购机会就想投资，带有一定的主观盲目性。

一些企业家在盲目自大的驱动下，低估了投资并购的专业性和复杂性，对于战略规划、组建团队、搜寻标的、尽职调查、资产估值、谈判协议、交割整合等全部流程和重要节点并不熟悉，对于未来行业竞争和企业经营的困难估计不足，在进行投资并购时显得比较急躁、草率、冲动，导致投资决策失误，犯下一些操作错误。

（二）投资并购的本质

投资并购好比是恋爱和婚姻，是投资企业与被投资企业的联姻，双方必须要在根本的利益、格局、价值观等方面彼此匹配，才可能有一个美好的结局。

俗话讲"幸福的婚姻总是相似的，不幸的婚姻则各有各的不幸。"这句话同样适用于投资并购活动。比如说，一见钟情就是双方资源高度匹配，恋爱中的充分了解就是双向充分尽职调查，双方家庭认同就是双方股东的大力支持，物质条件殷实就是有一方财力雄厚，感情沟通充分就是双方团队沟通到位，健康活泼的孩子就是双方共同成长，创造新的经济增长点。从这个角度出发，投资方在实施投资并购之前必须要认真考虑清楚以下几个问题：

第一，明确投资并购的目的。投资方必须多存一份敬畏之心，全面衡量自身的资源和能力，综合评估并购整合的难度，能否有效整合被投资企业的资源，形成并购后优势互补的协同效应？

第二，被投资企业的意图。如果一个企业经营得很顺利，有很大的概率成长为上市公司，上市后大股东获得的综合性收益远远高于并购套现收益，对方为何要急切引入战略投资者？

第三，被投资企业的现状。如果被投资企业经营不佳、管理不善，需要卖身求存，投资方是否有信心、有能力使其在并购后起死回生、步入正轨、健康成长？

第四，被投资企业的核心骨干人员有效激励事项。当这些人把手中的全部或部分股权套现之后，如何才能有效地维持其积极的进取精神、高昂的斗志，以及工作的主动性、积极性、创造性？

（三）清晰的投资战略

投资并购必须建立在清晰的战略发展规划基础上，同时又是企业战略规划实施的重要环节。有了清晰的战略目标，才能确定具体的目标和标准，选择适当的途径和手段，避免投资活动的盲目性。通俗地讲，就是要为投资并购标的"画个像"。

1. 明确投资意图和标准

投资并购意图明确、标准清晰既是成功与否的前提，更是触及成败的关键性环节，投资的意图、标准越清晰就越有效，具体需要考虑以下几项因素：

第一，明确投资的意图。必须清晰自身企业的发展方向，每一次在做出投资决策时都必须清楚投资的目的是什么，是看重对方的土地、设备等生产规模，还是对方的品牌、销售渠道；是为了得到发明专利、技术能力、工艺水平，还是令人眼红的研发团队、人才队伍？如果意图不明、目标不清，投资活动就会产生很大的盲目性。

第二，明确投资的标准。每个企业都必须契合自身的现状，根据自身的实际情况来确定当前最适合自己的投资筛选标准。比如，巴菲特对于投资标的选择已经形成了一套成熟的标准：一是企业规模要大；二是具有可持续的盈利能力；三是资产负债率较低；四是有一支称职的管理团队；五是业务比较简单而集中；六是价格比较合适。有了清晰的投资标准，寻找投资标的时才能做到有的放矢。

第三，明确可预期的收益。投资总要追求回报，必须全面评估投资后可能产生的收益，预测对未来企业发展所产生的深远影响。投资目的是获取单纯的财务性收益，还是得到产业性收益；是丰富自身企业的产品线，还是能够延伸上下游产业链；是获取自身短缺的资源和能力，还是实现经营转轨、产业升级？这些工作都是需要长期思考的很复杂、很艰辛的事项，切不可敷衍了事，永远不要打无准备之仗。

2. 财务性投资

财务性投资相对比较简单，投资目的不是为了控制和经营被投资企业，而是通过投入资金或其他资源获取相应的股份，帮助和促进企业快速成长，比较关注财务的真实性和可预期的成长性，等到企业实现 IPO 并上市之后，选择减持股份或清仓，赚取一级市场和二级市场的股票差价。

财务性投资行为如同是买张船票只做贵宾而不当船长，船到了目的地（IPO

并上市）就下船，如果受到各种因素影响船抵达不了目的地，那就中途下船，把船票（股份）转让给下一个想上船的乘客，其中的差价就是利润。当然，这种投资行为也有风险，万一投资标的没有选对，或者受一些不可控、不可测因素的影响上不了市，或者股份转让不顺利，就会产生投资亏损。

3. 经营性投资

经营性投资远比财务性投资复杂，投资目的不仅仅限于财务性收益，而是更看重经营性收益。投资是为了控制企业，或者获取某些战略性利益，这就涉及企业的技术、供应链、生产、销售、人才、财务等诸多经营管理环节。就像不甘于做贵宾而是当船长，或者担任船上具有重大影响力的角色。从实施途径来看，经营性投资主要分成横向投资并购、纵向投资并购、非相关性多元化投资并购三种形式。

（1）横向投资并购

横向投资并购是一种非常普遍的并购方式，投资的主要目的在于收购同行竞争对手，扩大产能并丰富产品线，提高市场占有率，提升企业在行业内的竞争实力。横向投资并购需要注意两个问题：

一是谨防产能过剩的问题。当前国内90%以上的行业产能过剩，其中50%以上行业产能严重过剩，以免给自身背上沉重的负担。

二是整合问题。人的本性多为"宁为鸡头不当牛后"，需要妥善处理和解决好被投资企业骨干人员的面子、位子和票子问题，而且次序不能颠倒，否则很有可能在整合过程中产生管理混乱和团队冲突的问题。

（2）纵向投资并购

这类投资是按照产业链进行上下游的并购，或者向上游并购控制原材料、零部件和技术资源，或者向下游延伸控制消费渠道、打造品牌影响力，是一种非常经典的并购模式。在实际操作中，纵向投资并购需要注意几个问题：

一是要考虑上下游企业之间的实力对比，以强并弱、以大并小的方式比较合适，否则就不利于后续的整合工作，影响投资效果。

二是只投资核心环节，控制关键，放开其他。如果是涉及核心技术、关键材料、主要零件等严重影响成本、品质、收益的资源，就是进行控股式并购；如果只是为了保证供应链顺畅，不至于关键时刻停止供货，只要适度参股即可，保持一个良好的股权合作纽带，没有必要去控股被投资企业。

三是要评估现有客户的反应，尤其是上游企业向下游业务延伸并购，就会与现有的客户从供应商转变成竞争对手。俗话讲"同行如冤家"，必然会招致现有客户的反击和制裁，并购结果很有可能得不偿失。

（3）非相关性多元化投资并购

非相关性多元化投资并购又被称为跨界并购，进入一个与以往主业完全无关的陌生行业，投资目的大致有以下几点：

第一，为了实现企业升级换代，突破现有的经营瓶颈，增加新的经济增长点，寻找企业成长的"第二条曲线"。

第二，眼红于某些行业挣大钱、捞快钱，希望通过跨界经营去赌一把、捞一票。

第三，通过投资并购立即合并财务报表，快速做大企业的规模和市值。既然有了动听的故事可讲，有了可观的成长速度可看，也就有了定向增发、分拆上市、减持套现、发行债券、增加信贷等从资本市场圈钱的理由。

这种脱离现有主业、跨界投资并购其实是风险最大的一种投资行为，盲目非相关性多元化扩张到一定程度极有可能会出事、会"爆雷"，其中道理非常简单，主要有以下几点：

一是市场竞争太激烈，几乎所有的行业和所分细分市场都处于"红海"状态，都是一个个"围城"，城里的人觉得城外有更好的发财机会，城外的人又想削尖脑袋挤进城去分一杯羹，事实上各个行业都有各自的难处，家家都有一本难念的经，这山可能不比那山高。

二是企业多元化经营之后，资源配置过度分散，核心业务不突出，在细分市场竞争中处于不利地位，影响企业的整体竞争能力。

三是加杠杆投资并购使得企业的财务负担过重，资金链长期紧绷，一有风吹草动，资金链有可能断裂，后果不堪设想。海航、银亿、乐视等曾经风光无限的企业说倒就倒，说被接管就被接管，根源就是过度的非相关性多元化，导火索就在于债务危机的爆发。

从以上三项经营性投资方式来看，企业比较稳妥的投资经营战略还是要围绕着核心主业深耕细作，发挥自身的优势，集中资源实现重点爆破，依靠科技进步突破技术瓶颈，以经营业绩获取资本市场的良好回报，运用资本市场实现市值的提升。只有多一份脚踏实地，少一份心态浮躁，才能活得安全、活得长久、活得滋润。

三、组建团队科学决策

（一）组建团队

开展投资并购工作，组建团队必不可少。一般可以分成企业内部团队和外部团队，双方各司其职，共同完成既定的投资并购任务。

1. 内部团队

"司令部"是战略投资委员会，一般由企业董事长或总经理挂帅，作为投资工作的最高决策机构，负责投资并购项目的最终立项推进、执行及整合等重大事项的决策工作。

"正规军"是战略投资部或产业投资部，一般由一个分管投资的副总裁牵头、协调和统领，负责并购项目日常的计划、组织、指挥和领导工作。投资部的项目成员负责被投资项目的寻找、初步筛选、项目立项、尽职调查、组织内部实施团队、协调外部中介团队、全程跟踪实施、撰写可行性报告等具体事务。

"突击队"是来自企业研发、采购、生产、营销、销售、人力资源、财务、法律等各职能部门的核心业务骨干。平时从事日常本职工作，在项目投资并购实施过程中需要抽出时间和精力，加入该投资并购团队中进行专项调查，提供专业性建议，发挥建设性作用。

2. 外部团队

外部团队包括并购投行、会计师事务所、律师事务所、战略咨询公司、技术咨询公司、人力资源咨询公司、环保咨询公司、公关咨询公司等许多类型的咨询机构。其中，并购投行、会计师事务所、律师事务所属于"标配"机构，其余的机构需要视投资项目的行业特点来决定是否需要聘请，属于"选配"机构。

外部中介服务机构非常重要，并非只是扮演了"花瓶"的作用。并购投行主要发挥穿针引线的作用，会计师事务所主要从事财务尽调及资产估值工作，律师事务所主要从事法律尽调及投资协议起草修订工作。涉及技术、工艺、供应链、营销、人力资源、企业文化等方面的专业性尽调工作，一般由企业相关业务部门的核心骨干人员担任，或者聘请外部专业咨询机构或人员从事此类工作。

（二）实施过程

投资并购工作是一项非常专业的事项，实施过程比较漫长和复杂，其间夹杂着诸多不确定性因素，大体上可以分成以下几个步骤：

1. 寻找投资项目

寻找项目一般有三种途径：一是企业已有明确的投资标的。与投资型企业相比，实业型企业的并购目标更为准确，或者并购同行以做大企业规模，提高市场占有率；或者并购上下游企业以完善产业链、供应链、价值链；或者通过并购方式获取核心的技术、工艺、人才。二是通过发布并购消息，吸引投资银行、咨询公司、证券公司等机构推荐项目。三是通过当地政府的招商引资机构来发现潜在的投资标的。

2. 开展尽职调查

找到初步感兴趣的项目之后，企业将组建或充实内部投资团队，与并购投行、会计师事务所、律师事务所等外部咨询机构签署合作协议，开展拟投资企业的尽职调查，尽可能发现和规避目标企业的或有风险和潜在风险，尽职调查结束之后一起对标的企业进行分析讨论，然后上报给分管投资的副总裁。

3. 确定交易结构

分管投资的副总裁出面与标的企业商讨并购并易的细节，达成比较一致意见，确定交易的方式，组织起草完成投资并购的合同草案，并且将并购草案征求投资企业与标的企业双方高管团队的意见，降低后续工作的风险。

4. 达成最终协议

到了条件充分成熟阶段，投资方与被投资方的双方总裁进行核心谈判，解决最后的分歧，形成共同的意见，修改合同中的一些细节，形成最终的合同文本，然后在各自的董事会、股东会层面走完决策流程。

5. 完成工商变更

接下来的工作就是水到渠成的流程事项，投资方向被投资方支付投资款项，派出董事、监事、财务总监等高级经营管理人员，完成工商变更登记，整合被投资企业的相应资源。

（三）并购陷阱

从投资并购的流程来看，这项工作既专业又严谨，内有高管精英骨干掌舵，外有专业咨询机构帮扶，但为何并购失败的概率却在50%以上？被并购企业投资前看像凤凰，并购后看似乌鸡，为何会产生如此大的落差？其中的原因相当复杂，但只要具体分析投资过程中相关角色的利益诉求，就可以找到相应的原因。

1. 内部团队成员

第一，投资方的最高领导。某些领导人认为要做大企业规模就要依靠投资并购，并购之后经营得当就做产业性投资，经营不善就做财务性投资，抓住"风口"就会有可观的投资收益。如果再遇上领导风格过于强势、管理风格喜欢"一言堂"的领导，这个项目就一定可行。

第二，分管投资的副总裁。既然领导让我来负责这项工作，就一定要做成这桩事，一旦工作展开，分管投资的副总裁就"有事干"，在企业里的地位立刻上升，这对于职业履历、经验积累、行业知名度有莫大的帮助。在外面立刻会被"闻风而动"的并购投行、会计师事务所、律师事务所等咨询机构拉拢，其中就有不少"挣钱机会"。如果投资并购成功，可以获得一大笔奖金，即使并购后"爆雷"也需要几年时间，大不了到时另谋高就，说不定还能获得另外一家企业的赏识，也许他们认为前一个公司已经为其交了巨额学费。

第三，投资部经理及经办人员。投资部工作要有业绩，如果几年下来一个项目也做不成，领导可能会认为自己无能，说不定会被裁员或转岗。所以，必须积极附和上级领导的扩张计划，尽可能多做项目，项目做得越多，功劳越大、地位越高、升职越快、收入越多，这种名利双收的事岂可轻言放弃，必须想办法促成这项交易。

第四，企业研发、生产、营销、财务、法律等各职能部门的核心业务骨干。这些专业人员希望企业做大规模、做强实力，期待扩大自身的管理职权范围，薪酬水平也会水涨船高。尽管他们的评价结果相对比较客观公正，但只要被投资企业没有重要的问题或致命的缺陷，一般都会给出正面的评价。

2. 外部团队成员

第一，外部的并购投行、会计师事务所、律师事务所等咨询机构。只有等到项目投资交易成功之后，这些外部咨询机构的佣金、服务费、咨询费才能兑现。如果交易不成功，即使获得部分服务费，也影响经济收入和行业名声，以后可能在行业内的排名就会下降，就没有客户再找他们做业务了。

在巨大的利益驱使下，这些外部咨询机构就不愿意充分披露潜在的风险，而是尽一切努力将项目包装到"人见人爱"的程度，只要交易成功就能收到大笔佣金和服务费。至于以后这个项目是赚钱还是赔钱，那也是几年以后的事了，与自己也没有太大的利害关系。

第二，投资企业的资金提供方（银行）。促成一单投资交易，完成一笔并购贷款，工作任务就完成了，还可以获得一笔奖金。更何况如果投资方是本地知名企业，贷款有物抵押、有人担保，理论上风险完全可控，先做完这单并购项目拿到奖金再说。

3. 被投资并购企业

俗话讲"买的永远没有卖的精"，被并购企业的领导对于自身的当前现状、未来前景最为清楚，现在有人要来并购真是求之不得。只要将企业包装得体，想办法搞定投资方的高层管理人员及其所聘请的咨询机构，能够促成这桩交易，就可以实现股权高位套现。既然可以从资本市场挣到一笔多少年都挣不到的大钱，况且自身的股权已被严重稀释，那么对企业未来的发展前景也就不会太关心。

（四）科学决策

在投资决策体系中，投资企业的领导想通过并购做大做强，而参与各方都有着自己的小算盘，有意或无意地积极促成交易，使投资方买入"带病资产"，说明现有的投资决策机制存在着先天性的缺陷。如何避开这种"合谋性"并购陷阱？可以从以下几个方面入手：

1. 内部团队风险共担

针对内部团队中各个角色的心态和利益诉求，必须从机制改革、利益分享、风险共担等角度加以引导和约束，具体可以采用几种方法：

第一，投资方领导应多学习关于投资并购的理论与实务，保持理性、谨慎、平和的心态，克制内心的投机冲动，一切从自身的实际情况出发，更多地从价值投资、趋势投资、产业链整合的角度来思考问题，多考虑自身所熟悉的行业和企业，少进行非相关多元化跨界并购。

第二，为了能使分管投资的高管人员站在企业长远利益的角度冷静处理投资工作，减少其积极促进交易而可能与外部人员合谋的风险，要让核心高管持有企业的股份，或者要让其跟投所并购企业的股权，成为该企业的合伙人或股东，实现投资利益捆绑，降低代理成本和道德风险。

第三，对于投资部经理及执行层面的人员，在业绩考核时不能只以完成交易数量和规模作为核心考核指标，也应把避免投资风险作为重要考核指标，在并购完成之后，要求进行一定程度的跟投，成为被投资企业的股东，实现投资利益共享和风险共担。

2. 外部机构因势利导

针对外部服务咨询机构的利益诉求，必须从利益分配上加以有效引导，使其做出客观的分析和公正的评估，具体方法如下：

第一，谨慎选择外部的并购投行、会计师事务所、律师事务所等咨询机构，可以采取三种策略规范其行为：

一是从源头上控制。必须寻找真正有职业道德、口碑良好的机构合作，对项目负责人的口碑、人品及过往历史进行认真调查，拒绝那些缺乏职业操守的"污点"人员及机构。

二是从利益上引导。在合作时不要把佣金、服务费和交易成功挂钩，而是可以提高基本服务费用，在发现投资风险、终止交易之后，给予一笔补偿费用中止服务。

三是要求提出反向意见。要求外部专业机构就可行的并购交易做一个"投资不可行分析报告"，从另一个角度来揭示或有和潜在的风险，这项要求在国内比较少见，但在华尔街已不再是什么新鲜事物。

第二，冷静对待金融机构和资金提供方，不能因为资金来得容易、来得便宜就盲目负债投资。在被并购资产消化不良无法创造预期利润和现金流反哺投资企业的情况下，投资方就有可能陷入债务危机，所以要极力避免"资金错配、短债长投"的风险。

正如一句西方谚语所言"不要问理发师你是否需要理发"，在进行投资并购决策时，只有多一分理性和冷静，才能少一分冲动与浮躁；只有多从利益共享、风险共担角度因势利导，加强对投资团队成员和机构的利益引导和责任约束，才能降低道德风险，减少代理成本，规避投资陷阱。

四、开展尽职调查

毛主席曾经讲过，没有调查就没有发言权。投资方与拟投资企业达到初步合作意向后，经协商一致，投资方将对目标企业就投资有关的一切事项展开现场调查、资料分析等一系列活动，这就是尽职调查。这项工作非常关键，可以说是决定投资并购成败与否的核心环节。如何进行有效的尽职调查，达到既定的调查目标？需要注意以下一些事项。

（一）双向尽调

只有投资双方熟悉到一定的程度，达成相应的共识，具备一些前提条件，尽职调查才能顺利开展，其中就涉及"尽调"与"反尽调"的事项。

1. 投资方调查被投资方

在投资并购活动中，投资方一般处于主动和强势地位，尽职调查主要是调查被投资方，但同时也要顾及被调查企业的利益和感受，需要注意两个事项：

第一，签署投资并购意向协议或框架。双方必须在估值基础、交易结构、支付方式等核心要点方面达成基本共识，签署相应的框架性协议或文件，否则开展尽职调查的时机就尚未成熟。

第二，签订保密协议。尽职调查一旦展开，投资方就会给被调查企业发来一份调查清单，期望把企业方方面面的详细内容一网打尽，尽调队伍很快就会进驻被投资企业开展全方位调查，如同在别人家里翻箱倒柜查个底朝天，其中就存在商业机密泄露的可能性，如果投资方放弃并购，就会使被调查企业损失惨重。因此，签订保密协议，既是对投资方的约束，也是对被投资方的保护。

2. 被投资方调查投资方

事实上尽职调查是双向的，被投资方也要调查投资方以确定对方是个好股东，这种行为被称为"反尽调"，需要掌握一定技巧，注意一些事项。

第一，隐蔽式调查。投资方对于被投资方的尽调工作一般公开进行，而"反尽调"则比较隐蔽和低调，否则有可能伤害投资方的"面子"。被投资企业可以聘请专业的投行机构帮助自己开展这项工作，有经验、有能力的投资顾问会调动其广泛的社会人脉网络资源对投资方进行隐蔽式调查。

第二，调查投资方的并购历史。这项工作非常重要，涉及被并购后的企业整合和发展问题。如果投资方是第一次投资并购企业，缺乏整合的经验，那么将来合作、磨合的问题就会比较突出；如果投资方是投资并购的老手，就要研究其以往并购过的企业，调查这些企业被并购后业绩是否增长，核心骨干成员是否留用，裁员比例是否合理，是否有低价淘空优质资产等重要事项。

第三，保守核心商业机密。俗话讲"害人之心不可有，防人之心不可无"。即使与投资方签订了保密协议，被投资方也必须保守核心技术、工艺、配方等商业机密，不能让投资方的尽调人员随便进入核心研发实验室、生产车间或参观关键设备。核心商业机密一旦被投资方掌握，被对方摸清了底牌，投资方就可以压低并购价格节省成本，或者干脆放弃并购，把尽职调查变成技术咨询或者偷师学艺，给被投资企业造成巨大损失。

（二）人员尽调

通俗来讲，投资并购就是"找靠谱的人，做靠谱的事，赚靠谱的钱"。说到底就是投资这家公司的老板及其核心骨干团队。从某种意义上讲，人员尽调比财务尽调、资产尽调更加重要。

1. 调查老板

要全面有效调查被投资企业的老板，除了查阅一些公开资料，倾听老板介绍其学科背景、专业特长、以往经历等显性内容之外，还需要调查其为人处世、价值理念、秉性爱好、性格脾气等隐性特征，这样才能为其准确画像。为了获取这些信息，可以从以下几个途径进行隐蔽调查。

第一，从当地政府官员层面调查。中国各级地方政府官员和当地企业家的关系相当密切，地方越小，政商关系越深。经信局、科技局、发改委、招商办、工商局的局长、主任们，开发区主任、分管工业副县长（副市长）、县长（市长）等地方政府官员大多与当地企业家有着非同寻常的交情，很多都是发小、同学、同乡等关系，对于他们的人品、性格、爱好、出身、家庭背景等情况都比较清楚，可以作为调查的切入点。

第二，从休闲娱乐观察调查。通过一起喝酒、娱乐、打牌、打球等休闲体育活动（此时此刻人的戒备心理是放松的，本性就会自然流露）可以从无数的语言、行为、举止、情绪等细节之中观察到该企业家的健康状况、待人接物、人品喜好等性格特征。

第三，从其他途径调查。途径一般有几条：一是企业核心骨干人员；二是基层员工，比如人力资源部职员、财务部出纳员、领导身边的司机、秘书等；三是供应商、经销商、客户等利益相关者。通过调查获取一手宝贵信息，从侧面打听到企业老板的思想、品行、价值观等个人隐秘信息，从而更准确地为其画像。

2. 调查核心骨干人员

被投资标的企业内的各位副总经理、各职能管理部门的负责人、各分子公司的负责人等企业核心骨干人员都应作为被尽职调查的对象。对于这些核心人员，投资企业的尽调团队应派出相关专业人员，进行对口专业调查，调查重点有两项：

第一，了解被调查企业的真实经营状况，包括商业运营模式、技术专长、市场结构、财务状况、内部政治、利益圈子等书面材料无法提供的信息，从侧面验证报表数据的真实性、准确性。

第二，观察这些骨干人员的专业能力、职业素养、性格特征、价值取向等个人特征，评估其并购后继续留存的价值。哪些人员是人才必须留用，而且日后还要大用、重用？哪些人员只是人手，可用可不用，去留皆可？哪些人员留用无益，必须裁撤？这样才能为并购之后进行人力资源整合，为人员的去留裁任提供依据。从某种程度上讲，这项工作可能比调阅人事档案更加具有参考价值。

3. 调查主要股东

通过调查几家主要股东单位，可以比较准确地知道被调查企业的经营状况、股东的真实态度、股东之间的矛盾、股东与经营层高管团队的矛盾、被并购意愿强烈程度等相关信息，这对于投资方进一步了解高管团队的能力水平、掌握主要领导的更多信息、调整后续的并购估值、团结更多的盟友、争取更优惠的并购条件，具有重要的作用。

4. 收集基层员工反映的信息

虽然企业的普通职员、车间工人、司机、出纳员等基层员工所提供的碎片化信息总体上价值有限，但从中可以得知企业生产饱和度、经济效益、福利待遇、人员稳定、人事关系、利益帮派、领导人威望等相关信息，这些第一手的直观信息可以从另外的角度佐证被调查企业所提供的报表材料的真实性，有时会起到意想不到的作用。

（三）财务尽调

财务尽调就是为了追求财务数据的真实性，防范财务造假风险，为合理的并购估值提供依据，这与二级市场的财务研究有异曲同工之处。财务尽调是投资并购尽调的基础性工作，也是投资方最看重和最愿意花钱请中介机构来做的工作。在实践操作过程中，需要完成以下几项工作：

第一，聘请高水平的会计师事务所。与审计师事务所出具的需要承担法律责任的审计报告不同，财务尽调报告只是用于供投资方参考的文件，会计师事务所无须对调查内容的真实性承担法律责任。因此，聘请一个行业知名度高、职业操守好、业务能力强的会计师事务所是成功实施财务尽调工作的重要前提。

第二，发现被投资企业的价值。会计师事务所通过查阅财务报表及相关主要凭证，发现被调查企业真实的盈利能力、成长速度、资产结构、运营效率、现金流量等经营现状和发展潜能。

第三，识别财务造假陷阱。发现可能的财务造假是财务尽职调查的基本职责，财务造假一般有几种形式：一是串通客户虚增营业收入；二是少记成本费用；三是经营性净现金流量为负值与高应收账款、高存货同时并存的现象；四是存在存款、贷款双高的情况。如果发现其中一种或几种情况，则存在财务造假的嫌疑。

第四，掌握真实的负债情况。除了资产负债表中所列示的各项短期、长期负债等"明债"之处，财务尽调工作必须调查清楚企业或有负债这个"暗债"，为投资方排除"地雷"和隐患。

一般来讲，或有负债主要包括以下三种类型：一是已贴现商业承兑汇票形成的或有负债；二是未决的诉讼、仲裁形成的或有负债；三是为其他单位或个人提供债务担保形成的或有负债。其中最可怕的、最符合"地雷"特征的是未披露的债务担保，一旦爆发就会给投资方带来重大损失。

财务尽调人员应当与法律尽调人员联手，发挥专业协同优势，挖出这些或有负债的隐性"地雷"，如果那些"地雷"埋得太深而无法找到，就必须在并购协议中针对或有负债做出有利于投资方的条款约定。

第五，资产价值重置评估。对于土地、设备、厂房等固定资产，需要会同法律尽调人员确定其真实产权归属，不仅要看资产折旧后的剩余价值，还需要对资产进行重置评估，区分出有效资产和无效资产、高效资产和低效资产，验证是否存在资产价值虚高的现象。

第六，财务人员的合作与监督。古话讲"兼听则明，偏听则暗"。财务尽职调查不能只依靠会计师事务所，相信其一面之词，投资方需要派出财务人员与事务所人员共同开展工作。作为一项保障性措施，这既是互相协同优势互补，又是业务监督，防止被人收买，提供一份不真实、不客观的财务尽调报告。

（四）法律尽调

法律尽职调查就是为了获知被调查企业的重要信息，以此判断和防范投资并购活动中与法律纠纷相关联的风险，必须调查清楚以下几项事务：

1. 股权调查

投资并购活动的核心就是企业股权的转让，法律尽调的首要工作就是要把被调查企业从成立至今的股权演变情况，以及可能产生的各种股权纠纷情况调查清楚，一般需要调查以下两项内容：

第一，股权及出资的真实性。必须调查清楚企业的股权结构及股东的持股比例，股东认缴注册资本数额及缴付期限；股东的出资方式，货币出资是否已经到位，实物出资的作价依据以及是否已经办理了过户手续；是否存在虚假出资、逾期出资、出资不实和抽逃出资的情况；是否存在名义股东、股权代持等情况。

第二，股权转让的限制性。随着法律尽调的深入，有时会发现有些股权很难转让或根本无法转让的情况，所以必须调查清楚股权的质押情况，这些股权是否存在被债权人随时冻结的风险。公司章程中是否存在针对某些股权的限制性、约束性和特殊性条款，比如某些股东享有分红的优先权、表决的特殊权、股权转让的限制性条件等，有必要让被调查公司提供相关的法律文件。

第三，掌握股东转让股权的意愿。针对不同的股东，必须掌握其转让股权意愿的程度，这对于股权转让比例、受让价格有着重要意义。

2. 有形资产调查

对于土地、建筑物、生产设备、矿山等有形固定资产，必须全面调查、现场查看，重点调查清楚几个事项：

第一，产权的合法性、合规性。必须调查清楚这些资产获取的程序是否合法，用途是否合规；是否办妥了各种审批手续，缴纳了相应的费用，以及剩余的使用期限；是否存在私自占有、违规获取、违章建设等情况，是否存在被政府收回或征用的可能性；产权归属是否清晰，拥有全部产权还是部分产权，是融资性租赁还是经营性租赁；是否存在产权纠纷的情况，或者有未了结的官司。

第二，资产的重置价值。不能只是单纯查阅资产的购置成本、折旧年限、折旧现值等账面数据，必须进行现场调查，掌握资产的真实性能、真实情况，评估其重置价值。比如，厂房的新旧程度，是否属于危房；生产设备的采购价格、折旧现值、先进程度、运转性能等情况，都将影响到资产的重置价值。

第三，资产的真实价值。特别是针对矿山这类资产尤其要调查清楚资产的真实性，是否拥有真实的探矿权证或采矿权证；企业的合并、分立、合资、合作经营时，这些权证是否存在转让的限制性条件；由于矿藏多埋于地下，其储量与品位不可能做到精确测量，而储量与品位恰恰决定了矿权的价值，所以不能轻信被调查企业出具的勘探报告，有必要再聘请一个专业勘探机构进行二次勘探，核实相关信息；必须对矿山的安全生产和环保设施进行全面调查，以防可能的生产性风险。以上这几项工作涉及矿山资产的估值和并购的成败，必须严肃认真地对待，如有必要借助专业咨询机构，提供专业性建议。

3. 无形资产调查

针对商标、专利权、经营资质、特许经营权、特殊配方、技术秘密、商业秘密等知识产权，必须调查清楚这些知识产权的合法性与实际价值。

第一，产权归属清晰。对于核心知识产权，产权归属必须调查清楚，尤其是投资方就是冲着某些知识产权而来的背景下，这项工作就更加关键。必须调查清楚这些知识产权的种类、数量、权利状态；知识产权对外许可使用及收费情况；使用第三方知识产权及费用支付情况；技术秘密、商业秘密的持有情况，以及所采取的保密措施；是否存在知识产权方面的使用与侵权纠纷，或未了结的法律诉讼等事项。比如，调查技术专利就必须搞清楚专利的保护地域、保护时限、产权归属、发明人及其权利人的变更情况、专利年费缴费情况、专利实施是否需要第三方许可等多项事务，否则就有可能陷入专利使用与利益分配的纠纷。

第二，实际内在价值。很多企业所谓的核心知识产权非常脆弱，不能称之为知识产权，最多只能算得上是技术诀窍或工艺改进，完全经不起调查，其价值非常有限。只有类似于可口可乐、云南白药、片仔癀、王老吉这样的神秘配方或制造工艺，才真正值得花费巨额费用进行并购。

4. 法律事务调查

在经营管理工作中，企业不可避免地会涉及一些法律事务问题，法律尽职调查牵涉面比较宽，一般需要调查以下几个方面的事项：

第一，合同管理事项。必须调查企业是否具备完备的合同管理制度，对外签订合同是否规范，合同履约过程中是否存在违约、逾期、中止等情况，是否发生纠纷或存在潜在纠纷情况等。

第二，债权债务的互保事项。很多民营企业为了融资方便，经常会"抱团取暖"，几家企业采用互相担保的方式向外界融资，形成了一条担保链。对于这类的或有债务，法律尽调人员应与财务尽调人员联手，发挥专业协同优势，尽力将风险控制到可控范围之内，并且在并购协议中做出有利于投资方的条款约定。

第三，法律纠纷和诉讼事项。很少有企业没有一点法律纠纷或诉讼，无论是原告还是被告，或多或少都会卷入法律纠纷和诉讼。一般来讲，法律纠纷和诉讼分成几种类型：一是企业与供应商、经销商、客户之间涉及业务往来、合同履约、货款赊欠、品质标准等方面的纠纷；二是企业与股东及关联方的股权、资产纠纷；三是企业与政府有关部门涉及土地、税务、资质、环保、合规方面的纠纷；四是企业与员工之间的劳动争议纠纷。法律尽调必须调查清楚这些纠纷、仲裁、诉讼已结和未结案件的相关情况，以及是否有资产、权利、账户因资产保全、强制执行而被查封、冻结等情况。

（五）经营尽调

经营尽调一般由投资方的职能管理骨干人员或其所聘请的专业咨询机构，协同财务、法律等相关人员共同开展，一般涉及以下几个方面：

1. 商业模式尽调

所谓商业模式，通俗而言就是企业在市场上挣钱的模式。不同的企业有着各自的商业模式，形式多样，内容丰富：有的依靠技术的先进性，有的依靠秘密的配方和制造工艺，有的依靠品牌影响力及渠道下沉资源，有的依靠特殊的经营资质和客户关系，有的依靠产品的差异性，有的依靠成本领先优势。这些多样化的因素构成了企业的核心竞争能力。商业模式的尽职调查，就是要发现企业内在的竞争能力，评估企业长期可持续盈利的能力。

2. 业务尽调

业务尽调不仅要查阅被调查企业的财务报表，还要走访外部的供应商、经销商、客户、债权人、银行等利益相关者，了解这些利益相关者对于被调查企业的评价，从外部渠道获取内部资料无法提供的信息，或者来验证内部材料的有效性，调查重点有以下几项：

第一，客户的结构。除了某些特殊企业之外，如果最主要客户占据该企业40%以上的营业收入，就意味着单一客户的潜在重大风险。

第二，业务的真实性。企业利润造假最常用的手段是销售造假，通过伪造客户、关联交易、虚假开票等手段虚增收入和利润。只有走访主要几家客户和经销商，才可能得到真实的信息，一旦发现该企业存在上述造假行为，后续的尽调工作就可以停止了。

第三，信用的真实性。通过调查供应商、债权人、银行等单位，就可以了解到该企业真实的经营状况、信用情况。如果主要几家供应商的采购数量和金额不多，长期拖欠供应款，贷款不能及时归还，说明企业的经营状况和信用情况存在问题。如果带着这些疑点再查阅相关财务数据，发现采购金额与销售金额严重不匹配的情况，那就找到了该企业经营业绩造假的确凿证据。

3. 技术尽调

技术尽调一般由投资方的技术骨干人员或其所聘请的专业咨询机构负责，技术尽调的目的是希望通过并购得到先进技术，获取一支理想的技术研发团队，弥补投资方现有技术的短板，找到新的经济增长点。技术并购最可怕的问题是被并购企业的技术落伍，或者是技术路线判断失误而成为非主流路线。因此，技术尽调必须认真研究被调查企业的技术是否存在 5 年内落伍的风险。

4. 安全尽调

俗话讲"人命关天",安全生产无小事。对于安全尽调,必须调查清楚几项内容:一是该企业所涉及的产品或原料是否属于易燃、易爆、有毒的危险化学品;二是是否取得了相应的安全生产许可证,是否经过了政府主管部门的安全审核和验收批准;三是企业是否具备安全生产的规章制度、管理机构、保护制度、保护措施;四是一旦发生事故是否会对水源、居民区等周边环境造成不可逆转的重大影响;五是该企业以前是否发生过重大安全事故,是否遭受过行政处罚或被追究刑事责任。这些事项牵涉员工的生命安全、企业的正常运营和财产安全,以及广泛的社会影响,切不可马马虎虎走过场。

5. 环保尽调

建设"生态文明"是国家重要战略,各级地方政府都高度重视环保问题,一旦爆出环保事故,政府就会无条件让企业立即停业整顿。

环保尽调需要聘请专业咨询机构,针对以下相关事项展开认真调查:一是企业是否取得环保部门的环评批复;二是环保设备、设施是否按规定进行了竣工验收;三是企业是否取得了排污权证、排污指标;四是企业是否按规定缴纳了排污费和环保税;五是历史上是否发生过重大环保事故,是否遭受过行政处罚或被追究刑事责任。这些事项都必须认真调查,如有疏忽或遗漏将可能造成重大隐患。

(六) 文化尽调

只要是经营性投资并购,就会涉及日后经营活动中的企业文化整合问题。投资并购之所以有50%以上的失败概率,其中一项重要原因就在于企业文化整合的失败,根源来自投资方没有进行文化尽调工作,事先没有正视和理解双方企业文化的重大差异,以及对并购后的文化整合没有做出针对性的安排。

暂且不提国内外企业巨大的文化差异,即使是国内企业,不同行业、不同地域、不同所有制、不同发展阶段的企业在价值理念、行为准则、历史传统、企业制度等方面也存在较大的差异。因此,在尽职调查阶段就应当梳理出投资企业与被投资企业的核心文化特征,针对潜在的文化冲突制订整合方案,这对于并购之后双方的人员融合、制度磨合、业务整合具有重要意义。

当然，文化尽调更多地适用于经营性投资并购，如果投资方只是单纯进行风险性投资、财务性投资，不参与企业具体的生产经营活动，只关心被投资企业的财务真实性、业绩可预期性、企业成长性等利益诉求，文化尽调工作可以弱化。

五、达成交易结构

交易结构是投资交易双方以合同条款形式所确定的，实现双方最终利益关系的一系列事务的安排，内容包括企业估值、并购方式、支付方式、交易设计、融资结构、对赌机制、退出机制等内容。达成交易结构的共识是交易双方谈判协商中最重要的、最费时的阶段，也是交易过程中最为核心的环节。

（一）企业估值

与二级市场的上市企业不同，一级市场非上市企业的估值不能直观显现，资产流动性较差，股权不易迅速变现，客观上产生了"流动性折价"的问题。如何对被投资企业进行合理估值？一般可以参照同行业类似上市企业的平均市盈率打上 3~4 折，来给一级市场企业作估值参考。

比如，某被调查企业税后净利润 5000 万元，同行业类似规模上市企业的平均市盈率是 30 倍，打上 3~4 折就是 9~12 倍，那么给该企业的估值就在 4.5 亿~6 亿元。

（二）并购方式

严格意义上讲，并购方式一般有两种：一是股权并购，二是资产收购。如果被投资企业中存在大量土地、房产、矿山等资产，对于投资方的经营资质有很高的要求，交易过户的税费就会很高，所以通常首选股权并购的方式。在设计股权并购方案时，需要注意以下几个事项：

1. 股权干净

被投资并购企业的股权必须干净，其中包括三项标准：一是股权出资干净，二是股权变更干净，三是股权没有质押和冻结的风险。相关的内容已在法律尽职调查中详细阐述，在此不再复述。

2. 享受债权与承担债务

股权收购意味着投资方需要承接被并购企业的债权与债务，享受债权皆大欢喜，承担债务各执一词。债务可以分成有形债务和或有债务，有形债务的偿还数额和期限已在财务报表和相关业务合同中详细体现，投资方能够心里有数，最让投资方担心的、心里没底的是或有债务问题。

如何妥善解决或有债务问题，排除这个"地雷"，将损失降低到可控范围？可以采取以下几项预防性措施：

第一，设定赔付额度。赔付额度没有法律标准，投资双方可以约定一个固定金额的赔付额度，或者按行业不成文的规则设定在总投资额的 3%～5%，在此额度之内的赔付金额由投资方承担，超过额度部分的赔付金额由被并购方的原股东承担，以此解决或有负债问题。

比如，某投资并购项目交易总金额 2 亿元，设定或有负债赔付金额 3%～5%，即 600 万元到 1000 万元。如果赔付金额在 1000 万元之内，则由投资方承担，超过 1000 万元的部分则由被并购方的原股东负责兜底赔付，有多少就赔多少。

设定赔付额度的优点在于投资方既锁定了未来或有负债的损失金额，又充分表达了自身的交易诚意。反之，如果被并购方坚持不肯让步和妥协，说明该企业的或有负债情况相当严重，可能远远超过投资方所提出的赔付额度，其中隐藏着极大的投资风险。

第二，设定赔付期限。《民法典》第 188 条规定，民事诉讼的时效期为 3 年。根据这一法律条款，投资双方可以约定或有负债的赔付期限为 3 年。对于投资方而言，如果被并购企业 3 年内没有出现或有负债事项，即使日后爆发出来，许多负债都过了诉讼时效期。对于被并购企业的原股东来讲，或有负债只是以 3 年为期，不用一辈子背负沉重负担。

第三，股权质押或冻结。为了防止被投资企业的原股东套现后转移资产，或者套现后做生意亏损，以致或有负债发生时没有可查封的资产，投资方可以要求这些原股东将部分股权质押到自己名下，或者冻结部分股权，这项工作还可以与后面所涉及的业绩对赌事项联合开展。如果发生或者负债而原股东们没有偿还能力，就可以用这些质押或冻结的股权进行赔付，从而有效保障投资方的利益。

3. 承接人员

投资方面临的最大风险之一就是被并购企业的核心团队或高管骨干离职创业或跳槽到竞争对手公司，这对于轻资产运营并且高度依赖核心团队的企业而言，风险尤其巨大。如何进行有效的人员整合，发挥核心骨干人员的积极性？可以采取一些方法和措施：

第一，忠诚来源于依附。投资方可以通过业绩对赌、期权设置等方式进行利益捆绑，尽可能安抚和留用核心团队成员，消除他们"前朝旧臣"的心理感受，使其安心工作，发挥其业务专长，确保业务平稳过渡。

第二，质押或冻结他们的部分股权，使他们有所留恋，想离职又离不了，这项工作可以与业绩对赌事项结合进行。

第三，对于那些必须离职的或负有保密义务的核心骨干人员，应当设定同类业务的竞业限制期限，这个期限一般不超过 2 年。在此期限内不得应聘于和同类业务有竞争关系的其他单位，或者自主创业从事相同或相类似的业务，限制其职业前景，同时也要给予受限人员一定的经济补偿。

4. 谨防意外

如果投资并购一家民营企业，只要投资双方谈妥条件，外部的意外和干扰相对较少；如果投资并购一家国有企业，需要至少在一个产权交易所公开挂牌，挂牌期间有可能被其他企业高价摘牌；如果投资并购一家上市公司，则需要证监会的审批，投资方需要做好交易被否决的心理准备。

（三）支付方式

投资并购采用何种款项支付方式更为妥当？这是投资方必须思考的重要问题。一般来讲，国内投资并购主要采用现金支付、股份支付、混合支付这三种支付方式。

1. 现金支付

现金支付是流程最简单、应用最广泛的支付方式，优势有两点：一是不会改变投资方的股权结构，稀释其股权比例；二是快捷方便，广泛应用于国内外投资并购活动，更加受到被并购企业的喜爱。但凡事都有利有弊，现金支付缺点表现在以下几个方面：

第一，加大投资企业的资金压力。现金支付非常考验投资方的现金储备和融资能力，特别是对于那些现金流量不是很充裕的企业来讲，存在"短钱长投"的风险，犯下"资金期限错配"的错误。

企业并购一般都是长线投资行为，资金从投资出去到回收本金一般至少需要3~5年的时间，如果投资并购所用的大部分资金是一年期内需要偿还的短期资金，就会造成财务"大忌"。当短钱长投积累到一定程度时，拆东墙补西墙、"十个瓶子六个盖子"的游戏终将无法持续，如果再遇上国家货币政策收紧，或者其他一些意外情况，就会雪上加霜，一旦企业的资金链出现问题，就会造成严重的后果，甚至造成企业的破产倒闭。比如，德隆、海航、银亿、万达等企业曾经一度风光无限，不停地买买买，结果资金链一出现问题，就不断地卖卖卖。有些企业幸而断臂求生、刮骨疗伤，有些企业则不幸折戟沉沙、身死名败。眼见其起高楼，又见其宴宾客，再见其楼塌了，其中教训不可谓不深刻。

如何做好充分的融资准备工作，避免"短钱长投"的风险和窘境？可以采取以下几种融资途径：

一是采用增资扩股的方式扩大资本金。这些直接融资的资金不形成债务，可以长期使用，但可能会稀释现有股东的股权比例，改变企业的股权结构。

二是发行企业中长期债券。中长期债券的使用期限大多为3~5年，正好解决资金期限错配的问题，利用中长期债务置换短期债务，可以优化债务结构，降低债务风险。

三是自行募集或借助投资基金。投资基金的回报模式或者是投资收益的分成，或者是收取固定收益，能够为企业提供长期投资资金。

四是使用银行的政策性贷款或中长期贷款，这种融资方式与发行中长期企业债券有着类似的功能。

第二，并购后标的企业"失控"的风险。现金支付意味着被并购企业的大股东降格为二股东、三股东，原有股东、高级管理人员、核心骨干人员套现了大量现金。这些人有可能会享受生活，或者移民海外，还会留下来兢兢业业地为新股东打工，一如既往地为企业利益最大化而奋斗吗？

正如一句谚语所说，鹰只能喂得半饱，喂得太饱鹰就不愿意出去捕猎。如果被并购的企业属于轻资产化运营，或者经营活动高度依赖核心团队，这个风险尤其值得重视和警惕。

2. 股权支付

股权支付就是通常所说的换股收购，是指投资方向被投资方发行股份用于支付收购对价。股权支付在国外使用得比较普遍，80%以上的并购都采用股权支付方式，但在国内比较少见。

股权支付有几项优点：一是投资方不用出现金，融资压力大为减轻；二是让被并购方的原股东成为投资方的小股东，不用担心其立刻套现走人；三是可以合法延迟纳税，享受一定的税收优惠。当然，正如一个硬币有正反两个面一样，股权支付的弱点和风险主要体现在以下三个方面：

第一，投资方的股权被稀释。股权支付虽然没有付出现金，但稀释了股权，如果投资方的股权本来就比较分散，换股之后被并购企业的大股东成为投资企业的第二大股东，而且股权比例差距不太大的话，就是引狼入室，有可能反客为主。因此，股权支付适用于股权比较集中的企业，不适用于股权较为分散的企业。

第二，交易过程比较复杂。相比现金支付，股权支付需要对投资双方的股权价格进行评估，过程复杂且耗时较长。如果被并购方是上市企业的话，还需要证监会审批，起码要三个月以上或更长时间才能走完审批流程。其间夜长梦多，说不定"半路杀出个程咬金"，发生意想不到的情况。

第三，稳定股价的潜在压力。被并购企业的原股东成分可能比较复杂，有自然人、企业、私募股权投资基金（PE）、风险投资基金（VC）等多方投资人，通过换股成为投资方的小股东。在通常为一年的锁定期之后，这些小股东可能会迅速在二级市场套现，这将较大地影响投资方的股价稳定。

3. 混合支付

混合支付方式兼有现金支付和股权支付的优势和劣势，其中的利弊得失需要根据以下几种情况具体而定：一是投资方的融资渠道和能力，是否具有充裕的现金流或强大的融资能力；二是投资方股权集中或分散的情况，即对于股权稀释的容忍程度；三是被投资企业的规模和并购价格，这决定了投资的金额数量；四是现金支付与股权支付的结构比例，偏向于哪种模式，哪种模式就发挥更加显性、直接的作用。

针对混合支付方式，投资方需要从自身的实际情况出发，结合被并购企业的现状和投资规模，只有进行全面衡量、综合评估，才能选择比较稳妥的方式。

（四）交易设计

是单纯收购被并购企业原股东的股份（老股）还是增资扩股，这是交易结构设计中绕不开的话题，其中各有利弊。

1. 收购老股

收购老股的优势是节省交易成本，用较少的钱可以控制被并购企业，但也有两点缺陷：一是收购老股的资金会让原股东套现，被并购企业并没有得到资金，投资方就算控股了该企业，还需要向其注资以扩充资本金，这就是为省钱收购老股而付出的代价。二是被并购企业核心骨干人员的忠诚度、积极性、创造性、主动性大幅下降，为日后的经营整合造成负面影响，其中原因已在前文做了阐述。

2. 增资扩股

与收购老股相比，增资扩股是更为有效的方式。虽然增资扩股会花费更多的资金，但这些资金没有被原股东套现带走，全部留在企业作为资本金，支持被投资企业的生产经营。

除此之外，增资扩股还有几项优势：一是既稀释原股东的股权比例，又保留了其股东地位，可以有效地实施利益捆绑，降低代理成本；二是有利于巩固投资企业的大股东地位；三是增加被并购企业的注册资金和净资产，降低资产负债率，提高融资能力。

如果采用增资扩股方式，对于投资企业而言，意味着投资金额的增加，必须安排好长线资金的融资计划，避免"短钱长投"的错误。对于被投资企业来讲，必须监督管理好增资的资金，谨防投资方以预付款、往来款、业务保证金、供货定金等内部关联交易方式抽逃注册资本和玩弄财务报表。

（五）业绩对赌

万得（WIND）统计数据显示，近年来国内 60% 以上的投资并购案进行了业绩对赌，这是投资方为保护自身利益而采取的一种保障性措施。

1. 核心内容

投资企业在一次性把交易对价（现金或股份）支付给被并购企业的原股东之后，为了保护自身的利益，防范可能的风险，就会与这些原股东约定未来的经营业绩并签订对赌协议，业绩对赌期限一般以 3 年为期，可视情况适当延长。如果未来业绩不能达标，责令这些原股东将之前收到的现金或股份"吐出来"，类似买东西时的"多退少补"。

业绩补偿方式先以股权补偿，不足部分以现金补偿。如果采用股权方式补偿，一般要将需要补偿的金额除以当年投资并购时的股价，得出所需要补偿的股份数量。为了防止被投资企业的原股东在业绩对赌期内套现走人，需要将其全部或部分股权在对赌期内锁定或冻结，不让其抛售或质押股权。如果采用现金方式补偿则相对简单，但也要设置保障性条款，要让被投资企业的原股东向投资方质押部分股权，或者提供合适的担保方对其业绩对赌结果承担连带担保责任。

2. 潜在风险

不要认为签署完业绩对赌协议就可以万事大吉、后续的工作就是顺水推舟了，对于投资方来讲，后面还隐藏着几项巨大的难题。

第一，过程控制的风险。投资双方签订业绩对赌协议之后，即使投资方绝对控股，并且委任了董事长、财务总监和其他高管人员，也无法在 3 年对赌期内干预被并购企业的经营活动，具体的生产运营还是由原团队成员负责，这就形成了一个难解的"悖论"。

如果投资方过度干预，一旦经营业绩达不到预先承诺的水平，原股东就会以投资方过度干预为由来推卸责任，投资方将面临对赌失败后扯皮的风险。如果在对赌期内放任不管，万一经营业绩严重不达标而对赌失败，投资方将面临着商誉损失的风险。就算事后补偿回一些股份和现金，解聘原有团队的部分成员，也难以弥补经营亏损和商誉损失，而且还面临着核心团队成员流失而无法有效接管企业的窘境，特别是对于那些高度依赖核心团队成员个人资源的轻资产化经营的企业来讲，这个问题就显得更加难解。

第二，商誉减值的风险。会计准则规定并购商誉一旦计提减值将永远不得冲回，如果业绩对赌失败，并购商誉减值对于投资企业的损失无疑具有极大的杀伤力，引发市值的大幅度减值，投资方必须做好承担商誉减值风险而长期打硬仗的思想准备。

第三，无钱可供补偿的风险。被并购企业的原股东通过股份套现并已转移了资金，他们已经赚足了身价。如果对赌失败，投资方有可能面临无钱可补偿的局面，就算拿回部分股权，也难以弥补经营损失。更何况对赌期满之后，这些原股东有可能将剩余股权再次套现，并带领核心团队成员集体辞职，另起炉灶重新创业，把"烂摊子"丢给投资方，期待创业数年之后再让另一个投资企业并购，再一次套现股份。

3. 应对策略

针对业绩对赌风险，投资方应当采取一些方法和措施进行反制，规避相应的风险，保护自身的合法权益。

第一，采取分步并购法。这种方式类似于买东西时的分期付款，具体有两种操作办法：一是投资方不是一次性投资并购到位，先并购一部分股权，同时要求被投资企业的原股东把剩下股权的表决权委托给投资方，双方约定对赌期满之后按照新的估值并购剩下的股权。二是投资方不一次支付交易对价，而是与被投资企业的原股东设定几年内分期支付条件，每年根据业绩对赌的达成情况，按事先约定每年支付一笔投资款项，以此来保障投资方的利益。

对于投资方来讲，分步并购法有三项优势：一是变相延长了对赌期；二是降低了商誉损失的风险；三是扩大了股份表决权，有效控制董事会重大事项的表决。但其缺点在于将风险转嫁到被投资企业的原股东头上，如果投资方在对赌期满后续资金不到位，停止剩余股权的收购，或者投资双方对于年度的对赌业绩有争议，就有可能引起原股东们的强烈不满，导致投资活动的意外中止。

第二，使用现金支付和股权支付的混合方式。这样使被投资企业的原股东成为投资企业的小股东，实现紧密的利益捆绑，站在同一立场上解决分歧和矛盾。

第三，进行人才储备。在对赌期内，投资方应当一方面放手让被投资企业的原有团队开展经营业务，另一方面招聘、储备、培训相应的人员，以"掺沙子"的形式充实其管理队伍，为对赌期满之后第一时间接管企业做好充分的准备工作。

第四，实行股票期权激励。在对赌期结束之后，可以采取派发新的股票期权的方式吸引被并购企业核心团队成员继续留任，避免核心团队集体流失的风险。

（六）法律事项

投资双方设计交易结构和进行商务谈判，最后都要以合同条款的形式确定下来，其间的工作既专业又复杂，需要解决好一些法律事项。

1. 合同起草工作

投资并购合同起草是一项非常专业的工作，一般要由专业的律师事务所来起草，投资方必须抓住合同起草的主动权，提供对自己有利的合同草案，切不可为了节省律师费而放弃该权利，以免因小失大。

被并购方远比投资方更加熟悉自身企业的真实情况，如果由被投资方起草并购合同，合同草案一定会做出对被投资方更加有利的安排，其间有可能埋下数不清的"地雷"。打个形象的比方，投资并购协议就是战场，双方的律师就是工兵，一方埋雷，另一方扫雷，埋雷永远比扫雷容易。哪怕有一颗雷没有扫掉，日后一旦爆炸就会给投资方带来很大的麻烦。

比如，投资并购一般都有定金或订金条款，两者虽然只一字之差，却有着本质区别，主要表现在三个方面：一是定金是一种担保合同履行的手段，而订金只是一种支付手段，相当于预付款。二是退还情形不同，如果被并购方反悔违约，则要双倍退还定金，有着惩罚违约方的意思；而订金只能原额退还，得不到双倍返还。三是金额不同，定金不能超过主合同标的金额的 20%，而订金数额由双方自由约定，法律上不作限制。针对定金或订金的支付事项，投资双方应当约定打到双方共同监管的账户，不要直接打给被并购方单方面控制的账户，以免发生纠纷时投资方遭受损失。

2. 过渡期条款

投资并购过渡期有两种定义，一是证监会在《上市公司收购管理办法》规定的自签订收购协议起至相关股份完成过户的期间；二是财务领域的过渡期，即《关于上市公司监管法律法规常见问题与解答修订汇编》所指的双方约定评估基准日至交易交割日（工商变更登记完成日）的期间。根据工作经验判断，第二个过渡期要长于第一个过渡期。

在投资并购合同中，双方必须精准约定并购过渡期限。在过渡期内，被并购企业出于保护自身利益，通常在交易未完成情况下不会让出董事会的控制权，也不会让出公章、财务章、证照、资质等实际控制性资产。因此，投资双方必须约定过渡期内各自的权利和义务，兼顾双方的利益，堵塞可能的漏洞，实现平稳过渡，可以做如下几项重要约定：

第一，投资企业不改选被并购企业的董事会，确有充分理由改选董事会的，投资方的董事不超过董事会成员的 1/3。

第二，被并购企业不得为投资方及其关联方提供担保。

第三，被并购企业不得公开发行股份募集资金，不得进行重大购买、出售资产及重大投资行为，或者与投资方及其关联方进行关联交易。

第四，被并购企业不得进行担保、抵押、大额借贷、承担不合理的重大付款义务等涉嫌转移资产、侵犯投资方权益的经营性活动。

3. 资产交接

投资方接管被并购企业时需要掌握公司印章、证照、财务账册、税务资料、业务合同、人事档案等核心资料，必须在并购协议中约定清楚，否则有可能产生接管后"说话不顶用"的情况。

当然，如果投资方只是股权变更，还是依靠原有核心团队从事经营活动，不涉及大规模人员变动和业务整合，资产交接的重要性就会明显下降。

4. 争议解决方式

争议解决一般有仲裁和诉讼两种方式。虽然仲裁具有收费较低、结案较快、程序比较简单、气氛比较宽松、善意解决争议的优点，但投资并购活动一旦发生重大纠纷，投资双方就有可能从昔日的"恋人"变成今日的"仇人"，既然要做好翻脸的准备，还不如直接选择诉讼，而且要选择一个既具有地域管辖权，又相对熟悉，并且对自己更加有利的法院。

由于仲裁和诉讼在解决争端的方式上有着本质的区别，投资并购应当优先选择诉讼，并在投资合同条款中加以约定，内在原因有几项：

第一，管辖权不同。仲裁不实行地域管辖和级别管辖，属于协议管辖，需要以双方当事人自愿为原则，必须双方达成仲裁协议，仲裁机构才能受理。如果投资双方发生激烈冲突，不配合进行仲裁，将导致争议解决时间拉长，不确定性增加。法院诉讼实行地域管辖和级别管辖，无论双方是否达成诉讼协议，只要任何一方向有管辖权的法院起诉，法院就可以依法受理。

第二，解决方式不同。不同的仲裁机构没有任何隶属关系和地域关系，投资双方可以选择任何一个合法的仲裁机构进行仲裁。如果投资的某一方在仲裁领域没有什么关系资源，随便找一个关系不熟、业务不强的仲裁员作为己方代表，就有可能在仲裁中吃大亏。

第三，翻盘情况不同。仲裁实行一裁终局制度，不存在上诉或再次仲裁的可能性，也不得向法院提出诉讼。法院实行两审终审制，不服一审判决还可以上诉要求二审，存在着翻盘的机会。

第四，执行效果不同。仲裁机构没有执法权，即使在仲裁中胜出，要实施资产保全、冻结对方资产时还要另寻相关法院执行。执行难是当前一个普遍的难题，打赢了官司无法执行的现象司空见惯、见怪不怪。法院自己判决的案子都面临执行难的问题，更何况是仲裁机构转移过来的仲裁案？其中既有执行意愿的因素，更有利益分配的问题。

六、并购整合工作

如果将投资并购比喻为婚恋，并购之后将面临"相爱容易相处难"的困境，投资方需要实现从"颠覆者"向"执政者"的角色转换，工作重心和工作任务将发生革命性的变化，这种角色转换关系到日后经营的成败与否。如何在并购后进行有效的整合？可以从以下几个方面入手。

（一）准备事项

1. 明确整合的工作事项

投资并购之后的整合工作是一项极为复杂和系统的工程，主要包含以下两个方面的整合：

第一，控制被投资并购企业基本运营层面。这包括董事会、财务、公章、印鉴、合同、证照、重大对外投资、担保、资金调动等重大经营性事项，否则并购工作只是相当于完成了一个工商变更事项，隐藏着极大的经营失控风险。

第二，深层次整合被并购企业的人员、业务、文化。必须进行投资双方的人员磨合、业务整合、文化融合，以此将管控工作落到实处，实施到位。

2. 制订整合方案

并购整合并不是由投资企业派出几个骨干人员，替换被并购企业的董事长、总经理、财务总监等几个核心岗位那样简单，而是需要成立并购整合机构，开展系统性谋划，制订全局性方案。

第一，成立并购整合机构。投资方在完成尽职调查之后，进入交易结构设计和谈判阶段，就要着手改组投资并购团队，委派整合总指挥，赋予整合职能，制订整合预案。

第二，制定整合方案。投资团队中含有财务、法律、技术、营销、人力资源等各种专业人才，通过尽职调查对被投资企业进行全面清查摸底，制订并购之后的整合预案，其中包括几个重大事项：

一是董事会控制事项。根据投资方的持股比例、被投资企业的股权结构、公司章程内容等事项，制订控制该企业董事会的方法、步骤、策略等法律事项。

二是人员整合事项。投资方的人力资源、技术研发、生产制造、市场营销、法律事务等参与尽职调查的业务骨干人员需要对被投资企业核心团队人员的能力、水平、重要性、影响力等情况做出有效的鉴别和评估，决定这些人员的去、留、裁、任等事项，制订具体的实施方案。

三是财务交接事项。投资方应当着手准备财务、凭证、公章、印鉴、合同、证照等资料的交接事项，以便在短时间控制企业的运营。同时根据尽职调查的结果，准确评估被投资企业的资产质量和资产结构，制订并购之后资产整合和处置方案，优化资产结构。

四是业务整合事项。这项工作又与人员磨合、资产整合事项紧密相关，投资方需要对被并购企业的研发、供应链、生产、销售、品牌、渠道等各项业务活动进行全面评估，结合投资方自身企业的现实情况，制订可以实现资源优化、业务协同的可行性预案。

五是文化整合事项。投资方应当对被并购企业的价值理念、行事风格、管理体系等事项进行综合评估，保留其精华，去除其糟粕，制订计划和预案，分步推进实施。

3. 安抚利益相关者

投资并购事项意味着日后的变化和不确定性。面对不确定性，人的本能反应就是心理相当敏感脆弱，产生担忧、不安、恐惧等负面情绪。如果投资方不能及时针对被并购企业的管理团队、员工、股东、供应商、客户、债权人、政府等利益相关者进行有效沟通与安抚，就会出现军心涣散、谣言四起、客户流失、人员跳槽、效益下滑等负面效应。

比如，管理团队和基层员工担心是否会降职、降薪和裁员；股东担心公司的股价是否稳定，分红是否会减少；供应商担心货款能否及时收回，新老板会否继续向其采购产品；客户担心产品是否能够及时供应，品质能否一如既往；债权人（银行）担心贷款能否及时偿还，存款会否抽走，新业务是否会找其他银行；政府担心企业是否会大量裁员，或者将企业迁往外地。如果这些利益相关者不能得到有效安抚并且让其吃下"定心丸"，将会给整合工作带来极大的阻力。

针对每一类的利益相关者，投资方都要准备好差别化和针对性的沟通策略，关注其利益诉求，通过及时有效的沟通交流，努力与相关利益者达成共识，形成合力，减少阻力。

比如，针对股东、中高层管理人员，可以安排几次见面会、茶话会，投资方的领导与他们坦诚交流，阐述未来的战略规划和发展蓝图，并请他们做好基层员工的安抚工作；针对政府、主要的债权人（银行）、重要的客户和供应商，投资方则要派出高级管理人员登门拜访，或者召集茶话会、联谊会等各种形式的见面活动，尊重其利益关切，释放继续加强彼此合作的强烈善意，让其继续支持企业的经营发展。

（二）控制董事会

企业投资并购的核心就是要控制董事会，否则即使成为第一大股东也不代表着能够有效掌控企业，需要妥善解决以下几个问题。

1. 去除"驱鲨剂"条款

某些股权结构比较分散的企业，为了防止被恶意收购，即防备"门口野蛮人"来敲门，在公司章程里设置了一些特别的限制性条款，既要保障自身对企业掌控的合法利益，又可有效吓阻资本市场的"大鲨鱼"，让其知难而退，这就是通常所说的"驱鲨剂"条款。

"驱鲨剂"条款一般有几项内容：一是董事提名权的限制；二是董事、高管的任职资格限制；三是更换董事的比例限制；四是设置职工董事的任职资格限制；五是董事长的任免难度限制。

针对"驱鲨剂"条款，投资方在取得第一大股东地位之后，就要召开股东大会或临时股东大会，提议修改公司章程，去除这些"驱鲨剂"条款，让投资方人员顺利进入并控制董事会，为进一步控制被投资企业扫清制度性障碍。

2. 对待同股不同权问题

同股不同权又称为 AB 股制度，是对双层股权架构的通俗说法。采用这类资本架构的企业多为一些高新技术企业，股份分为投票权不同的普通股（A 股）和超级投票股（B 股）。A 股为一股一票，在市面上正常流通，B 股为一股多票，通常为创始团队成员所有，不能在二级市场随意转让，但 A 股与 B 股享有一致的分红权，如果转让则要放弃特别投票权，将 B 股转化成 A 股。这种股权架构安排可以让企业创始团队成员以少数股份掌握实际控制权，既能扩大融资规模又不丧失企业控制权。

针对同股不同权的企业，投资方就要从投资目的出发正确处理 AB 股问题。如果只是为了分红权利，那就只收购 A 股，企业控制权还在创始团队手中；如果为了掌握企业控制权，就要收购创始团队的股权（B 股），B 股一旦转让就会丧失一股多票的特别投票权利，B 股自动转化成 A 股，对于投资方而言，这意味着更高的投资成本。

3. 处理"黄金降落伞"问题

所谓的"黄金降落伞"，就是企业为了防止控制权旁落而设置的针对某些高管成员进行巨额赔偿的反并购条款。如果因企业被并购接管，一些高管人员任期未满而被终止或解除职务，投资方需要付出巨额赔偿，这种让投资方"大出血"的策略本质上也属于"驱鲨剂"条款之一。

针对"黄金降落伞"，投资方需要谨慎对待，并考虑清楚两项因素：一是是否需要留任原核心团队高管成员；二是无论对方是主动离职还是被动解聘，能否承受这笔巨额赔偿费用。

从以上两项因素出发，可以考虑采取三项针对性措施：一是如果准备留任对方原核心团队的高管成员，"黄金降落伞"等同于无，没有必要再讨论这个问题；二是如果无意留用这些人员，在谈判环节时就要争取把这笔离职补偿费用从交易金额中扣除；三是在获取大股东地位之后，召开股东大会或临时股东大会，修改公司章程，废除"黄金降落伞"条款。

（三）业务整合

业务整合的涉及面非常宽泛，包括研发、供应链、制造、营销等各个经营环节，在实施中需要注意一些事项。

1. 评估整合的可行性

如果是跨界投资并购，则投资双方所处的行业、背景、商业模式等关键要素差异很大，业务上缺乏协同性，理论上不存在业务整合的可行性，投资方最多只是输出企业文化和管理体系。

如果是同行横向并购或产业链上的纵向并购，则存在业务整合的必要性。投资方必须认真研究被并购企业现有的经营模式，挖掘双方业务链之间的内在联系，分析和预测被并购企业部分或全部业务融入自身经营体系的可行性。

2. 技术研发整合

针对技术研发整合工作，投资方的核心事项就是要留住研发团队中的骨干成员，论证技术路线的可行性、先进性、正确性，评估技术研发项目的进展程度，明确是否存在技术瓶颈，探讨合作研发、资源共享的渠道和方式等具体事项。

3. 供应链整合

通常的做法是将投资双方的采购渠道进行整合，针对共同的采购商品扩大订货数量，降低单位采购成本；共享供应链通道，优化供应商体系，调整付款账期，降低企业的财务成本。

4. 生产制造整合

生产制造整合需要双方生产制造部门经过充分讨论沟通之后，再制订切实可行的整合计划，需要考虑清楚一些重要因素：现有产能是否有扩大的空间；双方有哪些主要设备可以共享；有哪些生产工艺可以互相嫁接；双方能否联合生产工艺以创造新的产品；双方的物流仓储体系能否统一管理等。

5. 市场营销整合

企业的经营绩效和现金流量主要来源于市场营销，并购之后的营销整合有几项核心工作：

第一，首要工作是留住核心客户。留住老客户比开发新客户成本更低、时间更短、效益更高，必须第一时间去拜访重点核心客户，打消其顾虑，释放继续加强彼此合作的善意。

第二，其次是稳定其余客户。根据这些客户的重要性程度，安排相应人员进行业务对接，稳定客户资源。

第三，从投资双方营销特征出发，探讨营销渠道共享、品牌共享、售后服务共享、激励机制嫁接等经营事项，制定具体的整合方案。

（四）人员整合

人员整合是投资并购整合的关键所在，一切业务经营活动都要依靠人来执行，对于人员整合，投资方需要妥善处理好几个事项：

1. 决定人员的去留裁撤问题

在企业并购结束之后，投资方原则上应当稳定原有的核心骨干队伍，实际上既没必要也无可能全部留用，必须尽快决定这些人员的去留裁撤问题。对于那些留用之后将严重影响投资方控制力的人员，或者是那些能力不强、品行不端、依靠裙带关系的平庸之辈，宁可付出离职补偿金也必须裁撤。

2. 尽快确定重要岗位的人选

面对企业被并购之后可能出现的诸多不确定性，一些优秀人才会内心不安，心理相当脆弱。如果投资方迟疑不决，很容易成为竞争对手或猎头最佳的挖人时机，导致核心骨干人才的流失。

3. 春风化雨式地推进整合

人与资产有着很大的区别，人心需要安抚，切不可简单粗暴，操之过急。对于普通的中基层员工，可以采用春风化雨式的手段进行安抚，承诺一些利益保障，消除其内心的不安情绪，通过与他们坦诚交流以减少彼此的误会和对立，避免上访、抗议、罢工等激烈的劳资冲突行为。

（五）文化整合

企业文化是一个组织的价值观、传统、规范、信仰及行为准则，它塑造了企业的管理理念及行事风格。虽然企业文化看不见、摸不着，却现实存在并被有效感知。企业文化有点类似中医所说的人体经脉，虽然无法用医疗仪器检测，但经脉却是无处不在。

　　不同的所有制、地域、民族、行业、规模、成长阶段、领导品行塑造不同的企业文化。从某种意义上讲，企业文化就是老板的文化。比如，2020 年《美国工厂》这部纪录片翔实展示了中国福耀玻璃集团并购美国"铁锈地带"工厂的经过，将风水、工会、劳保、加班等中美不同文化背景下的矛盾与发展、冲突与融合展现得淋漓尽致。即使不提国内外文化背景的差异，国内同行业处于产业链上下游不同环节的企业，文化也有着很大的差异。比如，上游的研发型企业与下游的制造型企业，前者高度重视技术研发能力和产品开发成果，后者强调生产制造效率和成本控制水平，两类企业在劳动纪律、价值评价、管理模式等方面就显得泾渭分明、差异巨大。

　　如果让两个有着巨大文化差异的企业"拉郎配"式地融为一体，结果一定不理想。因此，对于企业文化的整合不宜操之过急，应当逐步输出管理体系，"随风潜入夜，润物细无声"式的整合相对比较稳妥，"一刀切"式地追求整齐划一的整合有可能事与愿违，甚至引发激烈的冲突，给生产经营活动造成负面影响。

第十章　风险防控避免损失

收益永远与风险并存。没有危机感就是最大的风险，但不管存在多大风险，转移或控制了风险就等于没有风险；不管存在多小风险，没有控制风险就可能是百分之百的风险。只要有效防范和控制住了风险，投资收益就有了基本保证。

一、二级市场的投资风险

"股市有风险，投资需谨慎"是一句老生常谈的话。投资是一项面向未来的活动，而未来充满了太多的不确定性，即使是专业的投资老手，也不免会"失手"。因此必须学会识别各种"雷股"，避免虚假概念股，避免不必要的损失。

（一）识别"雷股"

每年股市都会出现一些"雷股"。比如，乐视网贾跃亭跑路、长生生物退市、沃特玛破产、康美药业退市等奇葩事件。如何识别这些"雷股"？经过研究分析，"雷股"基本可以分成以下几种类型：

1. 财务造假

财务造假的方式有很多，投资者必须对财务报表中的异常变动保持警惕，也可以在专业财经网络上关注一些质疑文章，以识别潜在的财务造假风险。

第一，虚构收入和利润。通过与关联方虚构业务、虚假交易、伪造合同等手段虚增收入和虚构利润，这是情节最恶劣的造假行为。对于经营业绩一直不景气的企业，业绩突然有了质的飞跃，要格外警惕。

第二，不按会计准则确认收入、费用和利润，通过提前或延迟确认收入和费用来虚增利润。对于那些经营业绩大起大落，前一年亏损累累，后一年奇迹般扭亏为盈的企业，要严密分析。

第三，非经常性损益突然增加。非经常性损益一般是指财政补贴、自然灾害造成的损失、资本性收益或亏损等与主业经营关联度不大的收入或支出，对利润会产生一定的影响。如果非经常性损益突然增加，就要警惕这个非经常性损益的来源是否合理。

第四，虚增资产和漏列负债。有些企业通过虚增资产和隐瞒负债的手段包装和美化财务报表，试图瞒天过海。如果一家企业账上有充裕的流动资金还要大举借债，流动负债快速增长，资产负债率维持高位，即存款金额和贷款金额双高却不能如期偿还债务，这就说明流动资金存在着严重的问题，极易引发债务危机。比如，康得新就属于此类财务造假，存贷双高以及大额资金往来不明，2019 年该公司爆发债务危机并随后退市。

2. 财务指标不健康

第一，商誉过高。商誉是一个企业在投资并购后产生的资产溢价。并购活动一方面使企业的经营业绩大增，另一方面过高的溢价收购产生较高的商誉，巨额的商誉减值会导致净利润亏损，给投资者造成极大的风险。为防范巨额商誉减值带来的风险，业内普遍认为商誉在总资产中的比值不能超过 30%，否则就有可能"踩雷"。

第二，资产负债率过高。资产负债率过高使得企业偿还债务、抵御风险的能力下降，不仅背负着沉重的财务负担影响利润收益，更要命的是一旦资金链出现问题，整个企业就会深陷债务危机，经营活动处于瘫痪状态。资产负债率到什么程度比较合适？不同的行业有着不同的负债水平，安全线一般是不能超过 50%。

第三，应收账款过高。应收账款影响企业的资金周转和正常的经营活动，巨额的应收账款说明企业的变现能力、盈利能力较低，在市场竞争中缺乏主导权，通过应收账款进行财务造假、虚增收入和利润的案例层出不穷。为了避免"踩雷"，应收账款周转率在 300% 左右或以上，才是比较安全的界限。

第四，或有负债过高。如果一家企业为其他单位提供金额较大的债务担保，或者有大量的未决诉讼和官司，或者有应收票据贴现或背书转让等涉及金额巨大的或有负债，就要高度警惕，它们很可能是潜在的"地雷"。

3. 公司治理层面出现问题

第一，高管侵蚀公司利益。高管是企业的领头羊，有可能通过关联交易、收购输送利益、占有公司资金等"左手倒右手"的行为来侵蚀企业利益，满足个人私利。

第二，大股东减持。上市公司大股东往往是公司高管，最了解企业真实经营情况和发展预期，高管疯狂减持套现，会给投资者利空的暗示，导致股价下跌。比如，乐视网的贾跃亭，先是通过绘蓝图、画大饼、讲故事来拉高股价，吸引投资者，然后疯狂减持套现，掏空企业，收割"韭菜"。

第三，公司有违法行为。上市公司的信誉和形象是企业的核心，发生重大违法行为会对企业产生毁灭性打击。比如，2018年长生生物就因疫苗安全问题被强制退市。

第四，公司不务正业。公司过度实行非相关性多元化经营，拖累主业，就是不务正业。比如，海航过度多元化经营，资金链长期紧绷，最终难逃破产重整的命运。因此，在选股时要优先考虑主业突出的专业化企业，尽量规避那些跨界经营的非相关性多元化企业。

（二）避免虚假概念股

A股市场有一大"中国特色"，就是喜欢炒作概念，有了概念就可以编出故事，站上"风口"，抬高股价，收割"韭菜"。其实有些概念股不宜跟风炒作，缺乏投资价值，大致可以分成几种类型：

第一，概念自身就有问题。概念必须落实到具体的商业模式中去，分析商业模式的基本逻辑是否合理，是否靠谱，有时就需要运用常识进行判断，得出比较客观理性的结论。比如，P2P金融网贷、共享单车、共享汽车的商业运营模式就不可能行得通。

第二，蹭热点的概念股。近年来随着互联网和金融业的发展，不少企业给自已贴上"互联网+"、金融创新、区块链、智能制造等时髦标签，进行概念炒作。对于这些股票，可以查阅一下企业的年报、季报，观察其产品结构比重，评估其是否具备这方面的实力，以免被概念误导。

第三，概念很美但离落地很远的概念股。区块链、元宇宙、氢能源、自动驾驶等概念虽然前景很美，但距离真正落地和盈利尚有很长的路要走，必须冷静地分析和评估这些概念股是纯粹属于短期资本炒作，还是确实具有长期投资价值。过度超前的配置存在太多的不确定性，不仅需要承受很大的风险，而且很可能遭受巨大损失。

（三）其他不适合投资的股票

除了上述的"雷股"、虚假概念股之外，还有一些股票不适合投资，在选股时应尽量规避。

第一，经营业绩大起大落、亏损较大的股票。这类企业或者是经营绩效不稳定，或者存在财务造假的嫌疑，难以看到可持续的业绩增长。

第二，ST 股。这类企业往往经营业绩不佳，面临退市风险，虽然仍有炒作的空间，但没有必要去承担这种风险。

第三，有过财务造假、操纵股价、受过证监会处罚等"前科"的股票，这类具有道德风险的企业还是不碰为妙。

第四，近几年被过度爆炒的"妖股"。所谓的"妖股"，通俗来讲就是那些缺乏实际经营业绩支撑，纯粹受到游资做庄大肆炒作，股价曾经非理性大涨的股票，这类股票价值严重透支，显然缺乏投资价值。比如，2015 年被过度爆炒的暴风集团、石基信息等股票，股价几年时间都无法上涨，甚至面临着退市的风险。

（四）避免杠杆

股市有句话叫"高手死于杠杆"。所谓加杠杆投资，通俗而言就是借钱炒股。其诱惑点在于股价上涨时可以用较少的资金收获更大的投资利润，可能"一夜暴富"；其风险点在于股价下跌时造成更大程度的损失，甚至"一夜赤贫"。用杠杆甚至高杠杆炒股本身就是一种成本较大、风险极高的行为，能不用就不用。主

要原因如下:

第一，股市走向难以预测。牛市才是真正的绞肉机，辛辛苦苦赚来的钱，往往在牛市亏完。每一轮牛市的背后，实际上都是财富资金大洗牌、大转移的过程。股市总是在市场一片叫好的亢奋牛市中进入熊市，问题在于任何人都永远不会知道市场什么时候会进入熊市。即使借款规模不大，借款期限固定，而且投资头寸没有受到市场暴跌的直接威胁，但受到市场恐慌情绪的影响，投资人很可能会惊慌失措、寝食难安，做出非理性的交易行为，导致投资亏损。

第二，高昂的资金成本和难以预测的股价波动的双向夹击。虽然股市短期暴涨带来的诱惑很大，但借钱、配资的资金成本相当高昂。股票价格的短期波动受到政策、资金、情绪、心理等多重因素的影响，没有任何人和数据模型可以对此做出准确预测，各种不确定性就是风险。如果配资炒股，持股期间一旦发生意外，很可能面临强制平仓的风险，造成不可挽回的损失。

第三，投资收益和还款期限的时间错位。股市有行业板块轮动的现象，个股有跌宕起伏的周期，任何人都无法预测下一个轮动的是哪一个板块，以及个股涨跌的空间有多大，投资后有可能产生浮亏，收益很难预测。而所借的资金有约定的借款期限，到了还款时间必须偿还债务，如有浮亏也必须忍痛卖出。就算投资眼光准确，日后这些股票大涨特涨，富贵也如同浮云一般与之无缘。

股票投资最忌讳使用压力资金。投资必须定下自己可承受的底线，只能使用暂时不用的"闲钱"，那些借来的钱、治病的钱、保命的钱、养老的钱、生活开支必需的钱等既不可挪用又输不起的钱，都不适合用来投资，否则就与赌徒无异。孤注一掷豪赌一次就想大赚一把的，结果往往适得其反。

（五）及时止损

俗话说"留得青山在，不怕没柴烧"。胜败乃兵家常事，撤退有时是保存实力，寻机再战的明智之举。与此同理，止损需要纪律和勇气，以备来日再战。亏损是投资常事，没有人能够百战百胜，总有看走眼的时候，必须按自己的风险承受能力，设置一个止损线。投资股票是为了赚钱，但股市却不是自动提款机，买错了股票不愿意止损认赔，总想着股市会有反弹，会有保本离场的机会，只会在犹豫等待中越陷越深，由浅亏变成深套，最终损失惨重，割肉离场。

股市投资必须要拥有二次重来的能力，可以被市场打败，但千万不能被市场消灭。止损线一般可以设在15%~25%，一旦股价下跌到这个区位，就要考虑将该股票进行减仓或清仓，以减少损失，保存实力，重整旗鼓，等待出现新的投资时机。

二、一级市场的投资风险

二级市场投资与一级市场投资既有相关联系，又有不少区别，二级市场短期资金投机氛围比较明显，一级市场长期产业投资色彩更加浓厚。由于投资的目的和手段各异，风险防控的方法也就有所不同。要想有效防范一级市场的投资风险，至少需要考虑几项潜在的风险：一是能否发现价值；二是与谁合作；三是能否找到增值的来源。

（一）发现价值

一级市场投资寻找标的更难，投资时间更长，套现更难，风险更大。从价值投资、趋势投资的基本原则出发，其中的风险至少包含以下几项因素：

1. 投资并购战略模糊

从投资目的来讲，一级市场的产业投资并购活动必须谨慎行事，切不能为了做大企业规模而盲目多元化扩张。无论是横向并购还是纵向并购，必须要与现有主业在技术、客户、渠道、品牌等方面具有业务相关性，形成互利或互补的优势，谨慎投资完全不相关的跨界并购。

2. 低估并购的专业性和复杂性

从投资过程来讲，投资并购活动从战略规划、组建团队、搜寻标的、尽职调查、企业估值、并购谈判、交易设计、达成协议、资产交割到业务整合等全流程存在数十个重要节点，投资方只要忽视其中任何一个重要节点，就会承担不必要的风险，背上不必要的包袱，招致不必要的损失，甚至导致整个交易前功尽弃、满盘皆输。

3. 投资价格过高

投资决策者心里没有"谱",为此付出过高的价格,背上沉重的财务负担,承担未来商誉减值风险,这是一级市场投资中常见的问题,具体又有两种情况:

第一,为了"面子"而非理性出价。当投资方参与到一个知名企业竞标并购案中时,在媒体聚光灯的照耀下,很可能为了"面子"而忽视"里子",不断地轮番竞价,最终把成交价炒到一个极高的水平。等到交易结束冷静之后才发现,这笔天价交易或许永远都无法通过被并购企业自身的经营利润和现金流来回本。

第二,上了他人的圈套。被投资方为了抬高并购价格,策略性地请来一位或几位"白衣骑士"来哄抬价格,这既是一种威慑手段,更是一种谈判技巧。有些投资方的决策者见到这几个"半路打劫者"便怒气冲天,煮得半熟的鸭子怎么能让它飞了,岂不前功尽弃?于是意气用事将并购价格哄抬到非理性的程度,上了对方的圈套。

4. 杠杆过高、短钱长投

一级市场的企业股权是不可能立即套现的高风险资产,流动性远远比不上二级市场。"短钱长投"则是投资并购的一大财务"恶疾",两者存在资金期限错配的风险,在被收购资产无法创造预期利润和现金流反哺投资企业的情况下,投资方很有可能陷入商誉减值或债务危机。

(二) 与"好人"合作

找对人才能做好事。一级市场投资是一项非常专业而复杂的工作,与谁合作就显得更加重要。只有与好人做交易,与靠谱的人做交易,才能避免诸多麻烦与风险。在投资并购实践中,至少要与以下几类"好人"合作:

1. 与对被投资方的老板合作

投资说到底就是投资这个企业的老板。选择与谁同行,要比去远方更加重要,其中需要具备几项素质:一是要有伟大的格局,既要志向远大,富有创新精神，又要目标明确，牢牢掌握企业的发展方向。二是富有人格魅力，既要人品高尚，非见利忘义之徒，又要善于管理，能够带好队伍。三是对行业具有非凡的洞察力，既要业务精通，掌握行业的发展动态，又要脚踏实地，具有强大的执行力。

2. 与专业的投资团队合作

专业的事要由专业的人来做。这些人员不仅要专业能力突出，更要品德高尚，富有正义感和责任心，其中就包括了两类人员：

一是企业内部的投资团队成员，特别是负责投资工作的领头人物，不仅要有良好的专业能力，更要具备坚定的责任感、使命感、忠诚度，不为外部利益所诱惑，不为私利而有损企业利益。

二是外部聘请的律师事务所、会计师事务所等专业咨询机构。必须寻找那些专业水平高、职业操守好、业内口碑佳的机构合作，对于那些挂靠大牌咨询机构、有历史污点、职业道德亏欠的不知名的小机构，即使业务能力很强，服务费用低廉诱人，也坚决不能与这些不靠谱的机构合作，以防被人收买、串通一气合伙蒙骗投资方，并购了一个"问题资产"或"带病资产"，占了小便宜而吃了大亏。

3. 被并购企业的核心骨干团队成员

投资并购企业并不是单纯买资产、买资质，更关键因素在于看重该企业的核心骨干团队。如果没有一支优秀的产业运营经验和高素质管理团队，就算买来的是优质资产，也极有可能迅速贬值甚至亏损破产，把一副好牌打得稀巴烂。尤其对于那些依赖核心团队个人能力、轻资产运营的企业来讲，选择与优秀的、专业的、敬业的核心团队成员合作，就显得更加重要。

（三）找到增值的来源

投资并购的目的是为了找到新的经济增长点，实现与现有企业的资源互补，发挥经营协同效应，这就涉及并购后能否有效整合的问题，需要注意防范以下几类风险：

1. 资产价值能否增值

投资并购必须考虑清楚两个事项：一是并购后企业独立运作所创造的价值；二是并购后业务协同所产生的增值空间，其中包括经营性价值与资本性价值。

如果被并购企业的经营业绩能够有效增长，与投资企业产生优势互补的协同效应，可以快速拉升投资方的股票市值，能够为投资方带来资产升值的空间，这就是优质资产、高效资产，投资就取得了成功。反之，并购后不仅没有给投资企业带来价值增值，甚至还面临着商誉减值、资产减值、债务沉重等风险，那就是问题资产、低效资产，意味着这次投资活动得不偿失。

2. 重物质、轻人才

大多数投资方在进行并购时会把尽职调查和价值估值的重点放在土地、厂房、设备、存货、存款等有形物质资产方面，而对于被并购企业许多看不见、摸不着的无形资产和人才资源就不太重视。事实上，正是这些被忽视的无形资产对日后的经营成败起到更加关键的作用。

这些无形资产大致包含以下几项内容：一是关键性技术人才或业务骨干，这是最为核心的因素；二是技术专利、生产配方、工艺诀窍等；三是特殊的供应链或销售渠道；四是历史积累的优秀的运营流程、管理方法和生产工艺等；五是优秀企业文化特质。

在当前的知识经济时代，企业投资并购成功与否的关键因素在于如何留住对方最有价值的那一群人，并且能够发挥这群人的主动性、积极性和创造性。如果投资方过于重物质而轻人才，对"物"的关心程度远远超过"人"，就会导致核心骨干团队分崩离析，让投资结果大打折扣，甚至违背投资的初衷。

3. 重交易、轻整合

国外研究机构统计显示，70%的并购失败原因是并购整合的失败。投资并购如同企业间的一场婚恋，投资方更多地享受了"娶亲"的快乐，而忽视了日后柴米油盐的"生活"烦恼。交易过程只是个手段，而经过业务整合创造更大价值才是投资目的，切不可颠倒了手段与目的。

整合并不是简单地完成工商变更，将被并购企业的董事长、总经理和财务总监换成投资方的人员就万事大吉，而是一项系统性的工程。如果在技术研发、供应链管理、生产制造、市场营销、人力资源、企业文化等各个经营环节方面还没有做好相应的准备，制订出一个可操作的、系统性的整合方案，投资方就不要单方面"大动干戈"，以免人心惶惶、矛盾重重、业绩下滑，甚至引发激烈的劳资冲突。

综上所述，身处现代市场经济和商业社会，无论是企业还是个人，总会遇上一些股票投资、股权投资、实业投资的机会。如果把握好机遇，或许能够成为改变命运的起点，企业由此兴旺发达、基业长青，为社会增加财富、创造价值；个人小则实现财务自由、出人头地；大则建功立业，实现人生价值。但投资活动中充满诸多风险和不确定性因素，只有识别、防范和规避各种潜在的风险，总结自身的成功经验，吸取他人的失败教训，掌握其中的投资规律，才能像庖丁解牛一样，运用之妙，存乎一心。

参 考 文 献

［1］管清友．精准投资——管清友的投资思维课．北京：中信出版集团，2019.

［2］管清友．管清友的股票投资课——做趋势的朋友．北京：中信出版集团，2020.

［3］任泽平．大势研判：经济、政策与资本市场．北京：中信出版集团，2016.

［4］胡昌生，熊和平，蔡基栋．证券投资学．武汉：武汉大学出版社，2002.

［5］迈克尔·波特．竞争优势．陈小悦，译．北京：华夏出版社，2005.

［6］迈克尔 A. 希特．战略管理：竞争与全球化．吕巍，译．北京：机械工业出版社，2005.

［7］魏炜，朱武祥．发现商业模式．北京：机械工业出版社，2014.

［8］张鸣．公司财务理论与实务．北京：清华大学出版社，2005.

［9］张磊．价值．杭州：浙江教育出版社，2020.

［10］万得资讯网，http：//www.wind.com.cn.

［11］浪潮资讯网，http：//www.cninfo.com.cn.

后　记

通过相关资料和数据的收集、汇总和梳理，总结多年投资实践活动的成败得失，历经一年多时间的奋笔疾书，拙作终于付诸成形。当写完书稿的最后一行之后，掩卷而思，感慨万千。

从某种意义上讲，投资是一项终生的工作、一场人生的修行、一次寂寞的苦旅。投资既检验智慧，又考验人性；既是一门科学，更像一门艺术。投资的道理说起来简单易行，交易手段就在于买卖两事，但实践起来却是复杂无比。好比中国传统哲学所说的阴阳五行，看似简单易学，实则深奥莫测；易于入门上手，难于登峰造极；又似中国的围棋，黑与白的世界看似规则简单，实则变幻莫测，奥妙无穷，可谓入门者众，善弈者寡。

投资是一项逆人性的工作，极大地考验着人性，股价的涨跌会对心理产生很大的压力，发现合适的标的需要细心，等待买入的时机需要耐心，交易的时刻需要决心，持股待涨的时候需要信心。其间必须控制住自己的情绪波动，不以物喜，不以己悲，放宽心胸，放远眼光，克服人性的恐惧、贪婪、犹豫等弱点，既要管住手，更要管住心，不要过度在意短期的涨跌，而需着眼长期的投资价值。

在本书成稿之时，感谢诸多投资内业朋友提供了大量的素材，提出了许多中肯的建议，丰富了理论体系，充实了相应案例。

感谢相关同事收集、汇总和梳理了大量的资料和数据，使书稿的逻辑体系更加严密，内容更加丰满，语言更加生动。

感谢家人背后的默默支持和无私奉献，可以让自己暂离生活琐事，在熟悉的领域放飞思想，在自由的空间深入思考，在温馨的书斋奋笔疾书。

最后，用一句话与广大读者朋友共勉：投资就是坚持长期价值投资的理念，与时间为友，与智者相伴，与高者为伍，与巨人同行，收获投资成功的喜悦，实现人生和事业的圆满。

田　恒

2023 年 10 月吉日于深圳